大连海事大学研究生系列教材

水上交通信息技术

李颖 ◉ 编

大连海事大学出版社
DALIAN MARITIME UNIVERSITY PRESS

图书在版编目(CIP)数据

水上交通信息技术 / 李颖编. — 大连：大连海事
大学出版社，2024.12. — ISBN 978-7-5632-4615-1

Ⅰ. U697.1

中国国家版本馆 CIP 数据核字第 2024Q6547X 号

大连海事大学出版社出版

地址:大连市黄浦路523号 邮编:116026 电话:0411-84729665(营销部) 84729480(总编室)
http://press.dlmu.edu.cn E-mail:dmupress@ dlmu.edu.cn

大连永盛印业有限公司印装   **大连海事大学出版社发行**

2024 年 12 月第 1 版   2024 年 12 月第 1 次印刷
幅面尺寸:184 mm×260 mm   印张:9.75
字数:240 千   印数:1~500 册

出版人:刘明凯

责任编辑:张　华   责任校对:刘若实
封面设计:张爱妮   版式设计:张爱妮

ISBN 978-7-5632-4615-1   定价:29.00 元

内容简介

　　本书是面向海洋、海事、遥感、海洋资源开发、水上交通等多个学科领域的研究生课程的配套教材,全面、系统地阐述了海上交通信息获取和分析的基本原理及先进的应用技术方法,涵盖了水上交通空间信息的获取、分析和可视化的原理、方法与应用,包含多平台水上交通信息获取、多源海洋遥感监测、船舶航行信息感知等方面的内容。

　　本书内容丰富、翔实,结构体系完整,适合作为交通信息工程及控制、航海科学与技术专业的教科书,也可作为工具书供海洋科学与工程、环境科学与工程、遥感科学等相关学科的学者使用。

前　言

　　水上交通信息的获取、分析和可视化是保障航运交通安全和海事监管执法的基础。对水上交通信息的有效监测和处理符合国家海洋强国战略和"一带一路"倡议的需求，也是交通运输工程领域的重要研究内容。国际海事组织（IMO）与国际航标协会（IALA）"e-Navigation"战略推进及国际海道测量组织（IHO）、中国船级社（CCS）、中华人民共和国工业和信息化部等发布《S-100 通用海道测量数据模型》，进一步激发对水上交通信息获取、传输、融合、分析和可视化技术发展的需求。

　　本书基于"海上交通信息技术"研究生课程进行编写，该课程已列入交通信息工程及控制学科专业研究生的培养方案，面向交通信息工程与控制、交通运输、航海技术等专业的研究生使用。本书从该课程教学需求出发，针对水上交通相关的空间信息获取和处理，全面、系统地阐述了海上交通信息获取和分析的基本原理及先进的应用技术方法，包含多平台水上交通信息获取、多源海洋遥感监测、船舶航行信息感知等多方面内容。

　　本书共分为 6 章。第 1 章为水上交通信息技术概述，主要介绍水上交通信息技术的基本概念、发展历程、国内外研究现状及其对智能水上交通系统的作用和意义，归纳总结水上交通信息工程的学科内涵和技术体系。第 2 章为水上交通信息采集，主要介绍信息采集的基本理论与关键技术，交通信息采集传感器的工作原理、数学模型及数据处理方法；介绍水路运输信息采集装置的选型依据、布设原则和优化技术；重点介绍交通信息采集的基本理论与方法，从天基、空基、岸基、船基等 4 个方面介绍水上交通信息获取的方式和相应的适用范围。第 3 章为水上交通数据管理与信息安全，围绕水上交通数据的组织、存储、检索和维护，介绍水上交通信息数据库系统总体框架、本体概念、数据元字典及数据标准化；介绍水上交通信息安全理论与技术，交通信息的机密性、完整性、不可抵赖性和可控性保护方法，水上交通信息认证技术、访问控制、物理安全和交通信息安全法律法规等；重点介绍水上交通信息系统建设中的数据标准化方法。第 4 章为水上交通信息处理与分析，主要介绍水上交通数据预处理技术、多源水上交通信息融合技术、水上交通信息的智能挖掘技术、水上交通信息计算平台和水上交通大数据处理与分析，并结合水上交通信息计算平台介绍相关应用案例；重点介绍多源水上交通数据的评估方法、融合方法及时空交通信息挖掘方法。第 5 章为水上智能交通新技术，主要介绍水上交通信息新技术，如利用船舶交通管理系统（VTS）、船舶自动识别系统（AIS）、船舶电子海图数据平台介绍交通信息技术在水运交通上的应用方式；重点介绍 e-Navigation、船舶航行态势的智能感知、恶劣天气条件下的船舶航行安全保障、海上目标的多源遥感遥测及船舶智能靠泊等新技术研究，推进水运交通技术向智能化、信息化发展。第 6 章为应用实例,总结以上章节介绍的海上交通信息科学技术手段,使用几个典型应用案例介绍上述方法和技术的适用范围。

本书图文并茂,从机理出发,循序渐进,易于理解;同时聚焦领域前沿,介绍水上交通信息分析和可视化的先进技术方法,有效支持水上交通运输和海洋空间信息管理的技术研究和人才培养。

在本书的内容整理和成书过程中,谢铭教授、商家硕博士和王子博士做出了很多贡献,主审张显库教授和匿名的校内外评审专家在本书的出版过程中提出了宝贵的修改意见,在此一并深表感谢。本教材的出版得到了“大连海事大学研究生教材资助建设项目”(项目编号:YJC2022001)的专项资助,是“大连海事大学研究生系列教材”之一。书中研究内容得到多项国家项目资助,作者向相关部门的支持表示感谢。

编者
2024 年 11 月

目　录

第1章

水上交通信息技术概述

1.1　水上交通信息技术的基本概念

　　顾名思义,水上交通信息(Waterborne Transportation Information)是指在海运交通领域的交通信息,一般来说是船舶航行过程所涉及的相关信息,包括船舶通航环境信息、船舶航行信息、船舶通航信息。

　　水上交通信息是信息(Information)的一种类型,是用文字、数字、符号、语言、图像等介质来表示事件、事物、现象等的内容、数量或特征,从而向人们(或系统)提供关于现实世界新的事实和知识,作为生产、建设、经营、管理、分析和决策的依据。而数据(Data)是人类在认识世界和改造世界过程中,定性或定量对事物和环境描述的直接或间接原始记录,是一种未经加工的原始资料,是客观对象的表示。信息与数据的关系如图1.1所示。

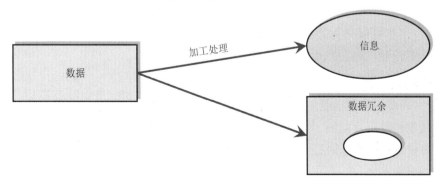

图 1.1　数据与信息的关系

信息来源于数据,是数据内涵的意义和数据内容的解释。信息是一种客观存在,而数据是

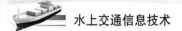

对客观对象的一种表示,其本身并不是信息。数据所蕴含的信息不会自动呈现出来,需要利用一种技术,如统计、解译、编码等对其解释,信息才能呈现出来。信息是数据的表达,数据是信息的载体。

水上交通数据是与水上交通要素有关的物质的数量、质量、分布特征、联系和规律等的数字、文字、图像和图形等总称。而水上交通信息是有关水上交通实体和水上交通现象的性质、特征和运动状态的表征和一切有用的知识。它是对表达水上交通特征和水上交通现象之间关系的水上交通数据的解释。

作为水上交通工程和现代信息技术的交叉学科,水上交通信息技术涵盖了水上交通空间信息的获取、分析和可视化的原理、方法与应用;包含多平台水上交通信息获取、多源海洋遥感监测、船舶航行信息感知等多方面内容。

水上交通信息技术是一种特定的信息系统及技术。它是在交通基础设施和计算机软、硬件系统支持下,对整个或部分水上交通有关的分布与状态数据进行采集、储存、管理、运算、分析、显示和描述的技术系统。水上交通信息技术处理、管理的对象是多种水上交通运输实体数据及其关系,包括空间定位数据、图形数据、属性数据等。该技术用于分析和处理在一定地理区域内分布的各种现象和过程,解决复杂的规划、决策和管理问题;通过建立水上交通信息平台,对水上交通信息采集、传输、处理、储存、分析、显示,能够为船舶安全航行与提高航运经济效益提供关键保障。

1.2　水上交通信息分类

(1)通航环境信息

通航环境信息包括航道信息(如水深、宽度、净空高度、转弯半径等),气象信息(如雨、雪、雾、大风、能见度等),水文信息(水深、潮汐、波浪、冰等),通航秩序信息(如水上船舶、设施的基本状态、船舶交通流、船舶航路选择、锚地、交通管制区等),航行区域的地理条件(如浅滩、礁石、碍航物等)等。

(2)船舶航行信息

船舶航行信息可以分为静态信息(如船名、呼号、IMO 号、船籍、船舶吨位、船舶类型、船舶尺寸等)与动态信息(如船位、船舶姿态、航速、航向、目的港等)。。

(3)船舶舱室环境信息

船舶舱室环境信息包括船舶装载货物状态信息、舱室内环境信息、船舶动力设备运行状态信息等(如货物温度湿度监测、货舱油气监测、压力监测、惰性气体浓度监测、居住环境温度监测,船舶动力设备运行状态信息等)。

(4)航行环境信息

航行环境信息是指与航行安全相关的短消息,如天气警告、暗礁区警告、激流区警告、过桥区警告、狭窄巷道警告、船舶避碰等航行安全警告。

1.3　水上交通信息特点

1.3.1　基本特点

作为信息的一种,水上交通信息具备信息的基本特点,即信息的客观性、再生性、可传输性和共享性。

(1)客观性

物质是具体的、实在的资源。信息是一种抽象的、无形的资源,且必须依附于物质载体,并反映客观现实,而且只有具备一定能量的载体才能传递。信息不能脱离物质和能量而独立存在。新闻信息离开具有一定时空的事实以及语言文字、报纸版面就无法体现。

(2)再生性

物质和能量资源只要使用就会减少;而信息在使用中却不断扩充、不断再生,永远不会耗尽。当今世界,一方面是"能源危机""水源危机",而另一方面却是"信息膨胀"。

(3)可传输性

没有传递,就没有信息。信息传递的方式很多,如口头语言、体语、手抄文字、印刷文字、电信号等。

(4)可共享性

信息不同于物质资源。它可以转让,大家共享。信息越具有科学性和社会规范性就越有共享性。

1.3.2　独特性

水上交通信息还具有一些独特性:

(1)多源异构性

水上交通信息具有多源异构特性的特点。其来源复杂,如 GPS 数据、电子海图数据、AIS 数据、航海雷达数据等。这些数据内部结构复杂,并且彼此之间格式不同,难以互相兼容。

(2)层次性

水上交通信息具有层次性的特点。其在系统中可分为采集、融合、决策、服务等多个层次,不同层次的信息特征及用途均存在差异。

(3)时空相关性

水上交通信息具有时空相关性的特点。其大多与时间和空间相关,诸如航道内通航情况、交通流情况、AIS 信息等。

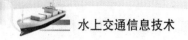

(4)动态性

水上交通信息具有动态性的特点。其中部分信息变化频率快、时效性强,需要频繁地刷新,对信息采集的频率要求较高。

(5)需求相关性

水上交通信息具有需求相关性的特点。根据不同需求,所需的信息种类也不同,诸如需要历史信息、实时信息、动态信息、静态信息,或者单一要素的气象信息、地理信息、交通流信息、碍航物信息等。

(6)海量性

水上交通信息具有海量性的特点。其数据种类众多,各种数据的规模也十分庞大,如电子海图信息不仅包括海域要素(如航行障碍物、助航标志、港口设施、潮流、海流等要素),还包括航海信息(如港口设施、潮汐变化、海流矢量等)以及沿海的航行目标和主要地物、地貌等陆地要素。

第2章
水上交通信息采集

2.1 天基水上交通信息的获取

天基水上交通信息的获取主要指海洋卫星遥感技术,诸如雷达散射计可反演海面风速风向以及海面波浪场情况;星载雷达高度计可对海冰、潮汐、水深、海面风场、有效波高进行监测和预报。

2.1.1 雷达散射计

雷达散射计又称为斜视观测的主动式微波探测装置,是一种非成像卫星雷达传感器。雷达散射计通过测量海表面后向散射系数获得海表面粗糙度信息,进而反演得出海表面风矢量。雷达散射计资料可以提供准确的海洋表面风速和风向的信息。雷达散射计资料覆盖全球海面约70%的面积,能穿透云层,可进行全天候、全天时风场监测。雷达散射计高分辨率、高时效性、覆盖面广的特点有效地弥补了海洋常规观测资料的不足,成为海洋表面风场探测的主要手段。

其物理原理是:雷达散射计的回波强度与海面上的表面张力波和重力波(Bragg 散射)的振幅成正比,而这些波又与海面附近的风速有关。

雷达散射计一般可以分为 3 个类型:

(1)第一种类型:主要利用棒状天线,采用多普勒分辨技术。这类散射计主要包括美国国家航空航天局(NASA)的 Sea Sat-A 卫星散射计(SASS)及其搭载在日本先进地球观测卫星-1 上(ADEOS-1)的散射计(NSCAT)。

(2)第二种类型:主要利用 3 根长的矩形天线,并采用距离分辨率技术。这类散射计中,有

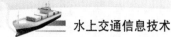

搭载在欧洲遥感卫星 ERS-1、ERS-2 上的主动微波装置(AMI)散射计,以及搭载在 METOP 系列卫星上的 ASCAT 散射计。

(3)第三种类型:散射计利用旋转的蝶形天线以不同的入射角产生圆锥扫描的笔形波束并采用距离分辨率技术,主要包括搭载在 Quick SCAT 卫星和 ADEOS-2 卫星上的 Sea Winds 散射计和中国 HY-2 卫星系列上的微波散射计。几种类型散射计天线观测几何图如图 2.1 所示。

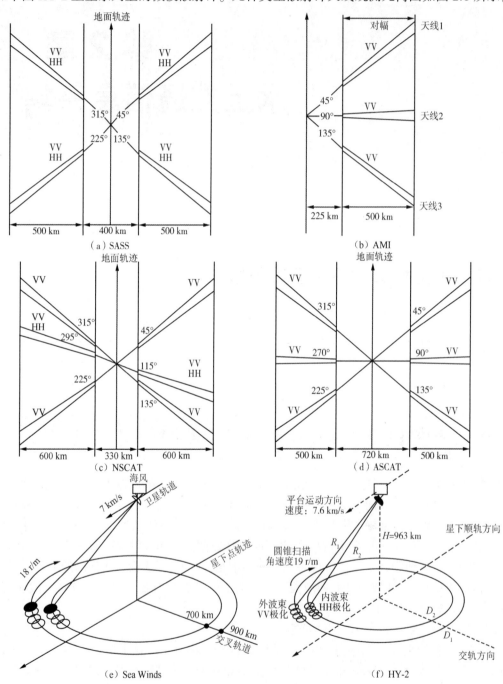

图 2.1　几种类型散射计天线观测几何图

1978 年,NASA 发射的卫星搭载了 SASS 散射计。SASS 在 96 天任务里,从两个平行的刈幅提供数据。每个刈幅宽度接近 500 km,被一个长 400 km 的空隙隔开。这些数据被用于数据同化实验、次天气尺度分析和大气环流研究等。以 1991 年欧洲航天局(欧空局)ERS-1 卫星装载的散射计为标志,卫星散射计进入业务化运行阶段。ERS-1 散射计通过一个单一的 500 km 宽的刈幅,在卫星轨道的特定范围内提供几乎连续的资料。NASA 的 NSCAT 散射计作为 SASS 的延续,于 1996 年发射。为了弥补 ADEOS-Ⅰ 和随后发射的 ADEOS-Ⅱ 之间的海面风场探测空白,NASA 于 1999 年 7 月发射的极轨卫星 Quick SCAT 是 2001 年期间唯一在轨运行的测风散射计,Qucik SCAT 搭载的 Sea Winds 散射计吸取了 ERS-1 和 NSCAT 等散射计的经验,在主要性能上得到提升,Qucik SCAT 于 2009 年停止运行。搭载在 ADEOS-Ⅱ 上、与 Sea Winds 相同的散射计于 2002 年由 NASA 发射,但于 2003 年停止运行。MetOp-A 是欧洲首颗地球极地轨道气象卫星,搭载在 MetOp-A 卫星上的 ASCAT 于 2007 年发射成功,现在轨运行。2009 年 9 月印度太空研究组织(ISRO)发射的 Oceansat-2 卫星搭载了 OSCAT 散射计。搭载微波散射计的海洋二号卫星于 2011 年 8 月发射成功并在轨运行。搭载在欧洲 MetOp-B 卫星的 ASCAT-2 于 2012 年 9 月发射成功。搭载在欧洲 MetOp-C 卫星的 ASCAT-3 于 2018 年 11 月发射成功。

美国国家海洋和大气管理局(National Oceanic and Atmospheric Administration,NOAA)网站的美国国家环境卫星、数据和信息服务中心(NESDIS)提供 Quick SCAT、ASCAT、Windsat 等传感器的数据产品。可以依照经纬度从所获的全球风场数据选取区域查看更精细的风场。ASCAT 风场数据产品显示的反气旋和气旋中心如图 2.2 所示。

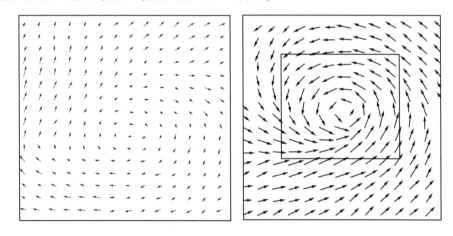

图 2.2　ASCAT 风场数据产品显示的反气旋和气旋中心

NASA 的网站上提供经合成处理后的 ASCAT 图像。经 NASA 插值反演后的图像不像一般 ASCAT 数据一样有着大面积的空白,而是具有全球各区域的连续风场。NASA 提供的 ASCAT 图像采用的是兰勃特等积投影或是通用极球面投影。ASCAT 图像被分为阿拉斯加、格陵兰、东西伯利亚、白令海峡、北美洲、欧洲、中国和日本、北极圈、中美洲、南亚、印度尼西亚、南极洲、南美洲、北部非洲、南部非洲、澳大利亚、北半球等图像。

2.1.2 雷达高度计

雷达高度计是对海面高度(海面相对于参考椭球面的高程)进行测量的仪器,属于一种星载雷达。其原理是星载雷达以一定重复频率垂直向下发出一个时间宽度较窄的脉冲信号,在地球表面引起能量扩散,经过地球表面(陆地、海、冰等)反射后由卫星接收天线接收,再通过测量脉冲信号往返的时间可以确定搭载卫星质心到星下点(即脉冲信号直接照射到地球表面的点)间的距离。地面跟踪站测定搭载卫星在参考椭球体上的高度,进而使用搭载卫星在参考椭球体上的距离减去搭载卫星到星下点的距离,便可得到海面高度。星载雷达高度计测高示意图如图2.3所示。

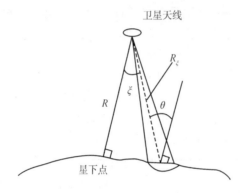

图 2.3　星载雷达高度计测高示意图

传统的雷达高度计所测海面高度具有空间分布均匀、近全球海域覆盖、测量基准统一等优点,进而分析全球气候变化对海面高度的影响,但相对而言也有着测高卫星地面轨间距较大,空间分辨率较低,不能提供亚中尺度的海洋动态信息,亦不能对地形复杂的陆地和近海浅海区域以及地表水进行探测的问题。

雷达高度计通过海面因风力作用引起的粗糙度变化还可以获取到海洋表面特征,如海面有效波高和海面风速等信息。结合地球自转模型,雷达高度计的测高数据能够用于海洋环流的研究;由于降水对微波波段的衰减,雷达高度计的测高数据结合同卫星的辐射计可以对海洋降水变化进行检测;同时,雷达高度计数据也能辅助对溢油污染进行调查。

如表2.1所示,在20世纪60年代提出雷达高度计的概念后,1973年美国发射了Skylab(太空实验室)号卫星。其搭载了第一个星载雷达,能够测量海平面的粗略特征,如巨大的海沟等。GEOS 3是1975年由美国发射的海事卫星雷达高度计,这是第一颗专门的雷达高度计,提高了全球观测的覆盖度。1978年,NASA发射了新卫星SeaSat-1。它的雷达高度计运用了"全去斜坡"技术,提高了测量精度,但精度仍相对较低。1984年,美国海军发射了Geosat海事卫星。在20世纪90年代,"全球导航卫星系统"以及"多普勒轨道确定和无线电定位组合系统"在海事卫星上得以应用,进而将测量精度由米级提升至厘米级。1991年,欧空局发射了ERS-1卫星,搭载了RA雷达高度计,其测量精度可达10 cm。而1992年,法国航空局(CNES)和NASA联合发射的TOPEX/Poseidon精度可达4.2 cm,重复周期为9.915 6,能够对全球海面高度进行连续观测,监测洋流对全球气候变化的影响,并观测一些全球尺度的海洋特征。1995年,欧空局发射了 ERS-2 卫星来代替过去的 ERS-1,但其功能与任务基本与上一代相同。GFO 是由美国在 1998 年进行发射的,其携带的是固定单频率的雷达高度计,但由于搭载 GPS 接收机的问题,直到 2000 年才被启用。Jason-1 卫星是由法国和美国合作于 2001 年发射的,被用来代替 TOPEX 卫星,其搭载了 Poseidon-2 型高度计,对海面地形测绘的精度达到 4.2 cm,但其监测范围不能覆盖极地地区。ENVISAT/RA-2 是欧空局(ESA)的 ENVISAT 卫星上搭载的先进雷达高度计,于 2002 年发射升空,主要用于监测海洋表面、冰盖以及陆地表面。我国也于 2011 年发射了第一颗海洋测高卫星海洋-2A(HY-2A)卫星,其具有全球观测能力,且不受气象因素影响,并搭载星载铷原子钟进行校正,测高精度达到 8.5 cm。2010 年,欧空局发射了 CryoSat-2 卫星,是首个搭载了合成孔径雷达(Synthetic Aperture Radar,SAR)高度计的海事卫星,其测高精度可达 1 cm。

表 2.1 星载雷达高度计的发展历程

卫星	Skylab	GEOS 3	SeaSat-1	Geosat	ERS-1/RA	TOPEX/Poseidon	ERS-2/RA	GFO	ENVISAT/RA-2	Jason-1/Poseidon-2
发射时间(year)	1973	1975	1978	1984	1991	1992	1995	1998	2001	2002
轨道高度(km)	435	840	800	800	800	1 300	800	800	1 300	800
功率 RF(W)	2 000	2 000	2 000	20	50	20/5	50	75.5	70	50
光束宽度	1.5°	2.6°	1.6°	2.1°	1.3°	1.1°	1.3°	/	/	1.3°
脚印(km)	8	3.6	1.7	1.7	1.7	2.2	1.7	2	/	1.7
脉冲宽度(ns)	100	12.5	3	3	3	3	3	/	3	3
测高精度(cm)	85~100	25~50	20~30	10~20	10	6	10	2.5~3.5	4.2	2.5(海面)
周期(days)	/	/	17	17	35	10	35	17	10	35

在这里,我们介绍如何对 CryoSat-2 卫星数据进行获取。首先要了解 CryoSat-2 卫星数据的产品分级。CryoSat-2 卫星数据主要包括四种等级的数据:0 级数据、全码率数据、1b 级数据和 L2 级数据。这些数据产品主要包括海冰的变化图和海面高度数据。

其中,0 级数据是原始数据包,包含了时间和遥测质量信息。

全码率数据主要用于研究合成孔径处理器(波形形成、波形方向和倾斜范围改正等)。SI-ERAL 的相位在 LRM 模式下是不连续的。这种模式下的全码率数据包含一个 20 Hz 的多向相位。在 SARIn 模式和 SAR 模式下,其数据不仅包含单独的相位,还包含混合相位。SARIn 模式下包含两种相位,每一种对应一个干涉天线。

1b 级数据基本上包括卫星地面每个观测点的相位,在各观测模式下,数据包含的都是 20 Hz 左右的多视相位信息。对于 LRM 模式来说,1b 级数据内容和全码率数据是一样的,这些数据类似于 ERS-1 和 ERS-2 卫星的 WAP 数据。对于 SARIn 模式,多视相位比较复杂,它包含着相位功率和相位干涉,跟全码率数据一样。1b 级数据也需要进行仪器和地球物理改正及精密的轨道结果。而地球物理信息的一个重要来源就是相位功率的变化,它与多普勒波束入射角变化有关。

L2 级数据基本包括表面高程估计值和其他表面参数,比如雷达后向散射系数,采样频率约为沿轨 1 Hz,可满足科研学者的大部分需求。LRM 模式下的数据类似于 ERS 卫星的 OPR 数

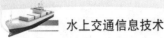

据,对于冰盖高程数据,改正值包含在 Digital Elevation Model(DEM)中。SAR 模式下的海冰覆盖区域数据还包含估计的海冰厚度和其他信息。对于大陆上的冰,数据需要进行坡度改正,改正值根据干涉相位来确定。

CryoSat-2 卫星数据说明如表 2.2 所示。

表 2.2 CryoSat-2 卫星数据说明

数据类型	数据描述	主要用途	数据量
全码率数据	完全工程和地球物理改正数据采集; 移除其他非科学数据; 轨道和日期信息	详细的散射行为; 光束形成; 校准; 仪器故障排除	430 GB/d
1b 级数据	完全工程和地球物理改正应用; 光束形成; 相位和振幅多视表现	散射行为; 陆地冰和海冰高程; 反演方法; 校准和改正; 仪器故障排除	3 GB/d
L2 级数据	沿轨高程和背向散射系数估计	冰通量和其他地球物理现象; 校准	20 MB/d
监测数据	衰退轨道和日期信息	仪器健康; 仪器长期检测	5 MB/d

CryoSat-2 卫星的海洋数据产品[The Interim Ocean Products(IOP)& The Geophysical Ocean Products(GOP)]能够从欧空局的服务器上免费获取。CryoSat-2 数据服务器如图 2.4 所示。临时海洋产品(IOP)使用的是初步定位轨道,数据采集后的 2~3 天内经欧空局进行处理并上传到服务器。地球物理海洋产品(GOP)使用的是精密轨道结果,数据获取后的 30 天内经欧空局处理后上传至服务器。在使用时,人们一般选择经过电离层延迟改正、电磁(EM)偏差改正、传播延迟改正和其他物理效应修正过的 L2 级数据。

图 2.4 CryoSat-2 数据服务器

下载的 Ocean_Baseline_B 海洋基线 B 传感器数据集的 2017 年 2 月 1 日 4 时 13 分到 5 时 09 分的 GOP 数据产品,格式为 DBL。CryoSat-2 卫星 2017 年 2 月 Ocean_Baseline_B 海洋基线 B 传感器数据集如图 2.5 所示。

CryoSat-2 Science Server

The access and use of CryoSat-2 products are regulated by the ESA's Data Policy and subject to the acceptance of the specific Terms & Conditions.
Users accessing CryoSat-2 products are intrinsically acknowledging and accepting the above.

Home · Ocean_Baseline_B · SIR_GOP_L2 · 2017 · 02

Name	Modified	Size
CS_OFFL_SIR_GOP_2__20170201T000413_20170201T000509_B001.DBL	Mar 2, 2017 7:43 AM	79.9 KB
CS_OFFL_SIR_GOP_2__20170201T000413_20170201T000509_B001.HDR	Mar 2, 2017 7:43 AM	30.5 KB
CS_OFFL_SIR_GOP_2__20170201T000509_20170201T000528_B001.DBL	Mar 2, 2017 7:43 AM	36.3 KB
CS_OFFL_SIR_GOP_2__20170201T000509_20170201T000528_B001.HDR	Mar 2, 2017 7:43 AM	29.9 KB
CS_OFFL_SIR_GOP_2__20170201T000532_20170201T000618_B001.DBL	Mar 2, 2017 7:43 AM	67.7 KB
CS_OFFL_SIR_GOP_2__20170201T000532_20170201T000618_B001.HDR	Mar 2, 2017 7:43 AM	29.9 KB
CS_OFFL_SIR_GOP_2__20170201T000619_20170201T000807_B001.DBL	Mar 2, 2017 7:44 AM	137.3 KB
CS_OFFL_SIR_GOP_2__20170201T000619_20170201T000807_B001.HDR	Mar 2, 2017 7:44 AM	30.5 KB
CS_OFFL_SIR_GOP_2__20170201T000807_20170201T000920_B001.DBL	Mar 2, 2017 7:43 AM	99.4 KB
CS_OFFL_SIR_GOP_2__20170201T000807_20170201T000920_B001.HDR	Mar 2, 2017 7:43 AM	30.5 KB

图 2.5　CryoSat-2 卫星 2017 年 2 月 Ocean_Baseline_B 海洋基线 B 传感器数据集

该雷达高度计数据是 DBL 格式,可以通过欧空局网站上下载的 BRAT(Basic Radar Altimetry Toolbox,基本雷达高度计工具箱)软件对其进行处理。

2.2　空基水上交通信息的获取

遥感主要指常规的航空遥感和无人机遥感。利用飞机或无人机作为遥感监测平台,搭载合适的传感器,可实现对近岸以及内河水域的航道通航情况、海岸带情况、溢油泄漏事故等的遥感监测。

2.2.1　航空遥感监测

航空遥感监测与传统的实地监测以及卫星遥感为代表的航天遥感相比,有空间分辨率高、全海域监测、现势性高且响应快、立体直观而利于辨识等不可替代的优势。但与此同时,航空遥感监测也有自身存在的不足。

2.2.1.1　航空遥感监测的优点

(1)空间分辨率高

航空遥感可获取优于 1 m,甚至是 0.2 m 以上的超高分辨率数字影像及定位数据,可针对特殊监测目标搭载单波段、多波段、全色波段等传感器,具备面积覆盖、垂直或倾斜成像的技术能

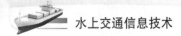

力。获取图像的空间分辨率依据传感器的不同而不同,最高可达到厘米级。

（2）全海域监测

相对于传统实地监测,航空遥感可以对一些人员难以到达的陡坎、断层、护堤以及无法实地量测的区域开展监管。

（3）现势性高且响应快

航天遥感监测需要按照固有航线、规定时段进行;实地监测需要对现场标志点、拐点进行逐一测量,并通过后期处理编绘成图。而航空遥感监测目前已可以实现免相控的高精度快速成图。在监测和绘图整体时间上,航空遥感监测优于航天遥感监测和实地监测,尤其是在应急监测和灾害监测方面,为海洋管理部门提供高现势性、高精度的决策依据。

（4）立体直观而利于辨识

不同于实地监测成果图件原有的点、线、面等地图要素,需要一定的地图学知识和配套的图例、图示,也不同于航天遥感监测成果的大尺度表示,航空遥感监测可以直观、细致地查看用海项目、涉海区域的空间位置信息及现场情况,配合叠加审批信息及现场照片、摄像资料,可以为海洋管理部门提供有力的决策支持。

2.2.1.2 航空遥感监测的不足

航空遥感监测尤其是小型无人机航空遥感监测的抗风能力还有待加强,雷雨、多云天气也不适合航空遥感监测工作的开展。测绘类航空遥感监测需要一支专业齐备的技术队伍,要生产数字正射影像对人员专业素质、图形处理设备都有较高的要求。

2.2.2 航空遥感监测应用

2017 年国家海洋局颁布了《区域用海规划实施情况监视监测工作规范(试行)》《建设项目海域使用动态监视监测工作规范(试行)》《海域使用疑点疑区监测工作规范(试行)》三个海域动态监视监测工作规范。三个规范都将航空遥感作为重要的监测手段予以明确,并应用于海域动态监管的各个方面。海域空间资源监测主要包括海岸线监测、重点海湾监测和河口监测和海岛监测。

2.2.2.1 海岸线监测

海岸线是多年大潮平均高潮位时的海陆分界线,是划分海洋与陆地行政管理区域的基准线,也是重要的基础地理要素。海岸线监测主要是对岸线的位置坐标、类型、长度等自然属性以及周边的开发利用情况进行监测。海岸线的航空遥感监测就是对海岸线及周边区域进行影像判读和数字化的过程,可以分为航空影像获取、配准校正、地理信息数字化、现场核查、现场校准、属性录入、数据检查、图幅整饰等步骤。监测流程如图 2.6 所示。

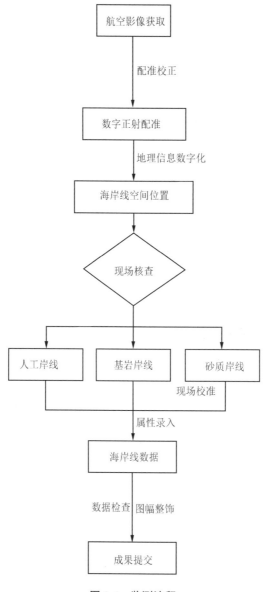

图 2.6　监测流程

2.2.2.3　**重点海湾和河口监测**

重点海湾和河口监测主要是对重点海湾和河口的位置坐标、水深、面积等自然属性以及周边的开发利用情况进行监测。重点海湾和河口的航空遥感监测与海岸线监测的内容和流程类似,可参照海岸线监测流程实施。

2.2.2.4　**海岛监测**

海岛监测主要是对海岛及其周边海域的生态环境、海域使用状况及变化趋势和潜在危险进行监测。海岛监测与岸线等监测稍有不同,海岛监测不仅要对岛屿的平面位置信息、植被、基岩

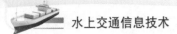

等进行监测,还需要对海岛的岩层滑坡等潜在的危险进行监测。航空遥感监测结合倾斜摄影三维成像技术可以快速、便捷地解决该方面的监测需要。

2.2.3 无人机遥感技术

2.2.3.1 无人机遥感技术定义

无人机就是使用无线电智能操控不载人飞机并完成监测任务,可以通过计算机智能操控,对空间的要求较低,操作方便,成本低,不会受到环境的影响,适应能力非常强,适合危险系数高的任务。无人机可以搜集高分辨率的影像资料,与卫星遥感技术相比,不会受到恶劣天气的影响,弥补了传统卫星远距离采集的弊端。遥感技术作为一种新兴的探测技术,在电磁波理论的支撑下,能够远距离对物体的情况进行观察,搜集被监测对象的紫外线活动,并对数据进行整合,从而完成对监控对象的识别。遥感技术能够对高分辨率的影像资料进行快速查询,对搜集到的信息进行整合和传送,与无人机相结合将其应用在海洋领域的监测中,能够更好地实现对海洋的管理。

2.2.3.2 海洋监测现状及无人机的应用需求

(1)海洋资源环境监测

我国有着非常丰富的海岛资源,渔业发达,但是近年来海洋领域受到各方面的破坏。为了保护海洋环境,维护海洋领域安全,国家对重点海洋区域的巡逻力度加大,但还是会受到外界条件的限制,当遇到突发事件时无法进行及时回应与处理。无人机的飞行速度快,监测面积广,能够对海洋变化进行实时监测,第一时间获取有用的资源,快速应对海上突发情况,对海冰分布情况进行实时监测,为海上工程提供一手资料。

(2)海洋动态监测与执法

我国海洋面积辽阔,海洋工程不断增加,违法打捞、占用港口等活动严重影响了海洋的正常秩序,地面监测与船只巡逻等已经无法满足海洋监测的需求,转型能力较差,无法对违法用海的活动进行详细取证,无法保证海上安全。

(3)海洋突发情况应急响应

海上自然灾害容易造成海洋事故,针对海上救援工作,传统的海洋救援应急响应能力不足,搜救的范围有限,阻碍了海上救援的速度,无法在第一时间得知海洋事故并赶往事故地点,导致事故现场无法与救援中心取得高效连接。另外,针对海洋的灾害情况,比如海上油船泄漏,会对海洋造成非常大的破坏,海洋有关部门需要快速了解事故发生的具体情况,船舶监测技术无法快速了解灾害情况,无法立即采取补救措施。海上舰艇、卫星遥感等监测技术已经无法满足现有的工作需求。相比之下,无人机遥感技术的响应时间快,具有较强的灵活性,同时应用成本低,在恶劣的天气下也可以正常监测,对海上应急监测具有极大的帮助。

2.3 岸基水上交通信息的获取

岸基水上交通信息的获取平台种类较多:VTS 可实现对基站覆盖区域内船舶航向、航速、交通流等信息的获取,并且可为船舶提供所需的安全航行信息。岸基雷达可对海面目标进行持续、全天候的实时监测;除此之外,岸基雷达在气象预报、水上应急救援、污染监测等方面也有一定应用。岸基的气象观测台站以及海洋观测台站等还可实现气象以及水文信息的监测与预报等。

2.3.1 VTS 系统概念与功能

2.3.1.1 VTS 系统定义

在不同的文化背景、不同的区域国家、不同的社会发展战略、不同的社会需求、不同的职责和功能、不同的使命与目标下,有关 VTS 系统的定义存在诸多差异,导致 VTS 系统在世界上的名称和定义互不相同,有 VTS、VTC、VTM、VTICS、VTMS、GVTS、I-VTS 等,也反映了各个国家观念、需求、文化等方面的不同。我国还存在着"船舶交通管理系统"和"船舶交通服务"之争,甚至影响到 VTS 系统的法律基础、机构设置、运行管理等方方面面。

在 1997 年 11 月第 20 届国际海事组织(IMO)大会上,IMO 认识到 VTS 系统在多个区域的实施已有助于航行安全、提高交通流效率和保护海洋环境,于是在国际上建立了一致的 VTS 系统,并加强了船舶和不同 VTS 管理机构之间的密切合作,从而减少了船舶从一个 VTS 区域到另一个 VTS 区域给船长带来的混乱。IMO A.857(20)决议通过了针对海上安全委员会第 67 次会议提出的建议,通过了附录 1 和附录 2 所列出的 VTS 系统指南和 VTS 操作员招录、资格和培训指南,并请求各国政府规划、建设、运行 VTS 系统时,与船舶报告系统指南和准则以及国际航标协会(IALA)的 VTS 手册结合应用。

建议各国政府鼓励本国船舶航行于 VTS 区域时,参与 VTS 系统。该决议给出了 VTS 系统定义:

船舶交通管理系统(VTS)是由主管机关实施的,用于提高船舶交通安全和效率以及保护环境的系统。该系统能与 VTS 区域内交通相互作用并能对交通事态发展做出响应。

在大多 IMO、IALA 有关 VTS 指导性文件翻译中,将"Services"翻译成"服务",这可能理解为了与 VTS 系统的信息服务、助航服务、交通组织服务三个服务功能相一致。

实际上定义中的"Service"是"设施"含义,尤其是指交通设施。IALA 的《VTS 指南模版》中出现了"Radar Service"一词,是指雷达设施,而不能翻译成雷达服务。

我国在 20 世纪 80 年代 VTS 建设起步初期,对 VTS 的理论研究空前活跃,在 VTS 的规划、设计等方面也开始引入水上交通工程理论和系统工程方法。VTS 系统是技术综合体,除了目的工程系统(产生效能的实体系统)之外,还涉及系统的复杂环境和社会的方方面面的利益,故必须采用系统工程的方法来研究 VTS 系统问题。因此,将 Vessel Traffic Services 直接缩写成

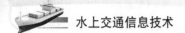

水上交通信息技术

"VTS"还不能体现其系统工程概念,而翻译成"船舶交通管理系统"(简称"VTS系统")较为贴切。

1998年1月1日施行的《中华人民共和国船舶交通管理系统安全监督管理规则》明确了我国 VTS系统的定义:VTS系统是指为保障船舶交通安全,提高交通效率,保护水域环境,由主管机关设置的对船舶实施交通管制并提供咨询服务的系统。该规则结束了我国各界对 VTS系统的混淆,统一了对 VTS系统认识,为实施 VTS系统提供了法律依据,为 VTS系统的运行管理提供了指导,可以说是我国 VTS系统发展的里程碑。

2.3.1.2 VTS系统功能

VTS系统建立的目的是改善水上交通环境、尽量减少船舶交通事故的发生、进一步提高船舶的交通效率和改善水域生态环境。VTS系统外部的功能主要包括动态监控、信息服务、助航服务、交通组织服务和协作服务等。下面对 VTS系统提供的功能和服务进行详细介绍。

(1)动态监控

VTS系统对管辖水域内的船舶进行动态监控,船舶在 VTS系统管辖区域内航行时,交管人员可以通过 VTS系统设施监控船舶的动态,及时纠正违章航行、偏离航道航行,并通过 AIS、GNSS和 VHF通信系统了解船舶的航行状态等信息,防止交通事故的发生。

(2)信息服务

信息服务可以帮助船舶做出航行决策,由 VTS系统的交管人员根据搜集到的信息及时地向船舶提供必不可少的信息。这些信息包括船舶动态、助航标志、水文气象、航行警告等。一般这些信息通过广播向特定的船舶或所有船舶发送,广播可以以一定的时间间隔发送,或者在需要的时候向特定的船舶发送。

(3)助航服务

助航服务是在航行困难、气象条件恶劣以及船舶发生故障或缺陷时提供的服务。该服务通常在应船舶请求或 VTS系统认为必要时提供。IALA于2009年5月发布了《VTS助航服务指南》,对助航服务启动终止、系统设备要求、人员资格要求、操作程序、法律问题进一步明确,明确了应用信息、警告、建议和指令信文标识的重要性。

(4)交通组织服务

交通组织服务是为了防止管辖水域内的船舶发生危险,并保障交通安全和高效通行。这项服务需要提前计划,适用于交通拥塞或者有特殊航行动态会影响其他交通流的情况。

(5)协作服务

协作服务是与引航站、相邻 VTS系统等的协作。通过建立应急反应程序、共享数据库等进行数据交换来实现各种服务。协作服务主要以提供信息为主,所以 VTS系统必须能采集需要的数据。

2.3.2 雷达

雷达的英文全称为 Radio Detection and Ranging,译为无线电探测和测距,也就是用无线电对物体进行感知并确定它们的准确位置。因此,雷达又称无线电定位。它的工作原理是将电磁波定向发射到空间中,根据空间反射回的电磁波,可以得到物体的方向、高度以及速度,并可以感知到物体的形状。以地面为目标的雷达可以用来探测地面的准确形状。

岸基雷达系统具有捕获海上目标的信息量大且能解决无船舶自动识别系统(AIS)数据的目标探测与跟踪问题等优势,成为海上目标实时动态收集的一种有效的技术手段。

2.3.2.1　雷达概述

雷达的具体种类、结构和用途等各有不同,但各类雷达在本质上,组成是一致的,其中包括:发射机、发射天线、接收机、接收天线、处理部分以及显示器;还有电源设备、数据录取设备、抗干扰设备等辅助设备。

雷达可以理解为一种电磁传感器,用于发射和接收电磁波,对具有反射电磁波的物体进行检测和定位,雷达的工作过程可以归纳如下:

(1)雷达发射机产生电磁波,并通过雷达天线辐射电磁能量,使电磁波在空中以直线的方式传播。

(2)部分电磁波能量辐射到某个距离上的物体(也称为目标)上。

(3)这个物体向多个方向反射电磁波能量。

(4)一部分反射的电磁波(也称为回波)能量返回到雷达天线,被雷达天线接收后送至雷达接收机,并提取有关物体的某些信息(物体至雷达的距离、距离变化率或径向速度、物体方位及高度等)。

(5)回波被接收机放大和处理后获得雷达视频信号并送至雷达显示器。

(6)雷达显示器以视觉方式直观显示目标的位置和其他信息。

测量速度原理是雷达利用自身和目标之间由相对运动产生的频率多普勒效应来实现测速的。雷达接收到的目标回波频率与雷达发射频不同,两者的差值称为多普勒频率。从多普勒频率中可提取的主要信息之一是雷达与目标之间的距离变化率。当目标与干扰杂波同时存在于雷达的同一空间分辨单元内时,雷达利用它们之间多普勒频率的不同从干扰杂波中检测和跟踪目标。测量目标方位原理是利用天线的尖锐方位波束,通过测量仰角波束,并根据仰角和距离就能计算出目标高度。

测量距离原理是测量发射脉冲与回波脉冲之间的时间差,因电磁波以光速传播,据此就能换算成雷达与目标的精确距离。

2.3.2.2　雷达分类

雷达的种类繁多,分类的方法也非常复杂。

(1)按照雷达信号形式分类,雷达有脉冲雷达、连续波雷达、脉冲压缩雷达和频率捷变雷达等。

(2)按照角跟踪方式分类,雷达有单脉冲雷达、圆锥扫描雷达和隐蔽圆锥扫描雷达等。

(3)按照目标测量的参数分类,雷达有测高雷达、二坐标雷达、三坐标雷达和敌我识别雷达、多站雷达等。

(4)按照雷达采用的技术和信号处理的方式分类,雷达有相参积累雷达、非相参积累雷达、

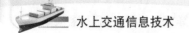

动目标显示雷达、动目标检测雷达、脉冲多普勒雷达、合成孔径雷达、边扫描边跟踪雷达。

（5）按照天线扫描方式分类，雷达有机械扫描雷达、相控阵雷达等。

（6）按照雷达频段分类，雷达有超视距雷达、微波雷达、毫米波雷达以及激光雷达等。

2.3.3 雷达的应用

2.3.3.1 定位

雷达测距比测向精度高。按照定位精度顺序，雷达定位方法有距离定位、孤立目标的距离方位定位和方位定位。若雷达测距与目测方位结合，则定位精度更高。雷达测量距离和方位的准确性受多种因素影响。IMO于1981年提出的性能标准要求，测距误差不超过所用量程的1.5%或70 m，取其大者。物标在显示屏边沿的测方位误差应在±1°以内。

因为受雷达本身的特性和物体反射特点的影响，雷达图像具有以下特点，需要正确辨认：

（1）失真。由于受波束水平宽度和光点直径的影响，物标回波往往比实物大；观测物标回波边沿的方位时，应需修正半个波束水平宽度。由于雷达探测范围的限制和地物遮挡等因素，雷达显示器上显示的岸线图形往往与海图上形状不完全一致。

（2）有干扰，包括雨雪杂波、海浪杂波、同频杂波等的干扰，轻者影响观察，重者掩没物标回波。

（3）可能出现假回波，包括旁瓣回波、间接回波、多次反射等。

（4）其他，如船上烟囱、桅杆的遮挡导致荧光屏上形成扇形阴影；超折射导致第二行程回波等。

2.3.3.2 引航

船舶在较宽水道航行，最好利用雷达连续在海图上定位进行导航；在狭水道航行，须直接在显示器上进行导航。航海雷达有相对运动显示和真运动显示两种方式。

相对运动显示方式为航海雷达的基本显示方式。其特点是代表本船船位的扫描起始点在荧光屏上（一般在荧光屏中心）固定不动，所有物标的运动都表现为对本船的相对运动。

相对运动显示方式分两种：

（1）舷角显示方式

舷角显示方式又称"艏向上"显示方式。不管本船航向如何改变，船首标志线始终指向固定方位刻度盘的正上方（零度），便于读取舷角。但物标在屏幕上的位置随本船航向改变而改变，因此在改向或船首由于风浪而发生偏荡时，会使图像不稳，且余辉也会使图像模糊。

（2）方位显示方式

方位显示方式又称"真北向上"显示方式。将本船陀螺罗经（电罗经）的航向信息输入显示器，使船首标志线随本船航向而改变，其所指固定方位刻度盘读数就是当时本船航向。此时固定方位刻度盘正上方（零度）代表真北，本船改向时，物标在屏幕上的位置不变，保持图像稳定。船舶主要依靠浮标航行，而且航道弯度不大，可选用舷角显示方式；船舶在航行转向频繁，而且需要大角度转向时，选用方位显示方式为宜。

真运动显示方式为在荧光屏上能反映船舶运动真实情况的显示方式。实现真运动显示,要将本船罗经的航向和计程仪的速度信息输入显示器。其特点是代表本船船位的扫描起始点以相应于本船的航向和速度在屏幕上移动,海面上的固定物标在屏幕上则固定不动,活动物标按其航向和航速在屏幕上做相应移动,根据活动物标的余辉,即能看出其真实航向和估计其速度。真运动显示方式主要是便于驾驶员迅速估计周围形势。

2.3.4　船舶自动识别系统(Automatic Identification System,AIS)

2.3.4.1　AIS 概述

及时掌握船舶航行状态各种相关信息,对于船舶和交通管理部门十分重要。无论是在开阔水域还是狭窄水域,此类信息的获取能够为操作人员提供充足的决策依据,有效地保障航行安全和避免意外事故的发生。

传统获取船舶信息的手段有雷达、自动雷达标绘仪(ARPA)等。它们通过 VHF(甚高频)通话来工作。然而,这样的工作方式具有极大的局限性。例如,船载雷达只能监测碍航物,不能识别船舶标识,也不能与邻近船舶交换信息等;船载雷达的工作状态很大情况下受到气象和地形的影响,适用性不高,尤其在交通流量大、通航环境复杂的水域,这种局限尤为突出,很难满足当前水上交通管理的要求。

在这样的背景下,AIS 于 20 世纪 90 年代诞生,是由相对发达国家率先发起,以信息技术为依托,以多门类先进科技为支撑的新型航海设备。IMO 对该系统的定义是:
- 是一种改善船舶安全性能的船载装置;
- 是一种无须雷达而使交通管理中心获取交通信息的工具;
- 是一种工作在 VHF 频段的船舶报告系统。

配备有 AIS 设备的船舶能够自动地、周期性地通过 VHF 频道自动广播船名、船舶种类等静态信息,以及船位、船速等动态信息,并且获取他船的静态与动态信息。与此同时,交通管理部门也可以利用 AIS 及时地获取船舶信息,提高交通管理能力及管理效率,有效避免水上交通事故的发生。AIS 虽然被称为船舶自动识别系统,但它所实现的功能绝不仅仅是自动识别船舶。它为船舶导航、监控、通信等多种功能开辟了新的方式,并且为水上交通管理提供了全新的思路,极大地推进了水上交通领域的技术进步。

2.3.4.2　AIS 的构成

(1)岸台系统

顾名思义,AIS 的岸台系统是供船与岸、船与船通信的网络系统,由一系列 AIS 基站收发机联网而成。其通信网络采用标准接口,借助基站控制器(BSC)、网络设备控制软件和应用软件,连接海岸线的各个 AIS 基站收发机,实现对海岸线的覆盖。

AIS 基站收发机有其专用的基站软件。通过这一软件,它可以自由地变更通信端口设置、频率、传输速率、接收机识别码等参数。互联网的网络设备通常采用 Internet 网络连接,因为 Internet 网络应用范围广泛。这让 AIS 可以通过网络安全地管理、控制、收集和分配信息流,在国

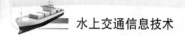

际、国内或地区之间进行船与岸、船与船之间的通信。这种通信方式有一个极大的优点,即当通信双方超出 VHF 的覆盖范围时,网络系统仍进行信息排队处理,直至通信双方进入 VHF 的覆盖范围为止。如此一来,船舶间的通信效率将会得到很大的提高。

（2）船台系统

AIS 的船台系统主要用于船舶间的通信,是一种 VHF 海上频段的船载广播式应答器。与前文的介绍对应,它能够周期性地自动广播和接收船舶的静态、动态和航行有关的信息,进行船与岸、船与船之间的信息传递,并且识别、监视四周的船舶。

AIS 的船台系统结合 VTS、SAR 和差分卫星导航台,能够自动接收船舶交通服务、航行安全、航行警告、交通和港口管理、DGPS 校正、潮汐和气象等与船舶安全航行相关的信息;接收和显示他船的位置、标志、航向、舯向和速度等信息,并将本船的相关信息传递到岸上或他船。此外,AIS 船台系统还具有碰撞警告、水浅警告等报警功能。

AIS 的船台系统由 AIS 发射机应答器、传感器和显示器等部分组成。设备上的两根天线分别为内置 GPS 导航仪使用的天线、VHF 收发机和 DSC 接收机天线。AIS 发射机应答器满足国际 IMO MSC.74(69) Annex 3、IEC 61993-2、ITU-R M.1371-1 所要求的最低配置。传感器有卫星导航仪、差分卫星导航仪、罗经、计程仪、其他导航仪器。传感器中的卫星导航仪和差分卫星导航仪为 AIS 基站提供精确的时间、定位和导航数据,罗经提供航向,计程仪提供船速,其他导航仪器提供必要的导航数据。显示器有 LCD 显示屏、雷达、视频标绘仪、电子海图显示与信息系统(ECDIS)以及 PC 计算机等。

2.3.4.3　AIS 的功能

《SOLAS 公约》第 5 章第 19 条规定了通用 AIS 的配备要求。其阐述的 AIS 大体有如下功能:

·自动连续地向主管部门、岸台、其他船舶和飞机提供自动识别信息,而不需要船舶驾驶人员的参与。

·自动连续地接收和处理来自其他来源,包括主管部门、岸台、其他船舶和飞机的自动识别信息。

·自动识别信息应含有静态信息、动态信息、与航行安全相关的信息。

·对高优先和与安全有关的调用尽快做出回应。

·以支持主管部门和其他船舶进行精确跟踪所需要的更新速率提供船位和操纵信息,使接收者精确地跟踪和监视船舶动态。

·与岸基设施交换数据,以便主管部门指配工作模式、控制数据传输时间和时隙。

·以多种模式工作,数据的传输响应应有来自船舶或主管部门的问询,有轮询和受控两种模式。

·提供国际海事标准界面,并有人工输入和输出数据的接口。

2.3.4.4　AIS 的应用

IMO 指定 AIS 发射的信息包含以下四类：

· 船舶静态信息，包括船舶的海上移动业务识别（MMSI）、船名、呼号、船长和船宽、船舶吨位、船舶种类以及定位天线位置；

· 船舶动态信息，包括船位和精度指示、协调世界时（UTC）、航向和航速、艏向及转向角等；

· 与航行有关的信息，包括吃水、危险品种类、目的地、预计到达时间（ETA）和航行计划等；

· 与航行安全有关的短信息，为固定或自由格式的文本信息，可发送给某指定 MMSI 或在区域内的所有船舶，如发现冰山或浮标移位，每条信息最多包含 158 个字符，信息内容应尽可能简短。

根据 IMO 对《SOLAS 公约》第 5 章的修订，AIS 成为船舶的强制装载设备。根据 IMO 海上安全委员会第 73 次会议，凡是总吨位 300 以上从事国际航行的货船和总吨位 500 以上从事国内航行的货船和所有的客船，必须在 2002 年 7 月 1 起至 2007 年 7 月 1 日期间，分阶段装备 AIS。AIS 技术的应用必将给船舶航行安全和水上交通管理带来深远的影响。其主要表现为以下几点。

（1）AIS 将给 VTS 带来重大革新

AIS 系统为水上交通管理提供了一种全新有效的手段。传统的 VTS 以岸基雷达为基础，受到雷达自身局限性的限制，具有无法识别目标、获取目标信息量小、目标船位精度低等诸多缺陷。但是，AIS 的出现使得船舶的自动识别和船岸数据交换成为可能，极大地提高了船舶监控和追踪精度。AIS 应用到 VTS 中，实现了两种系统间的互补，大大提高了船舶交通管理的服务水平和质量。

（2）基于 AIS 可衍生更多应用系统来满足船舶安全航行的要求

AIS 提供了一种船舶之间和船岸之间计算机数据链路的动态链接。这种数据链接方式成为水上交通信息交换的全新平台。在 AIS 的基础上，相关人员可以开发许多保障船舶安全航行的助航设备，比如基于 AIS 开发新的"船舶避碰系统"。船舶避碰的主要工具是雷达，但是雷达具有许多的缺陷，当天气条件恶劣时，雷达的反馈信号可能会很弱；当船舶行驶到雷达覆盖不到的区域时，雷达系统中信息更新率变低。此类特殊情况都会限制雷达的避碰功能，而 AIS 则可以作为一种辅助手段，解决在雷达受到限制的区域无法对船舶进行监控的问题，并且 AIS 可以提供一个较高的更新率来传输船舶的识别系统和艏向改变等信息。

此外，AIS 还能获取其他配备 AIS 设备的船舶的信息，包括对方的航行信息、船名、呼号、转向点等信息。这些信息能够有效协助两船做出及时、正确的避碰决策，从而避免碰撞事故的发生。而且，由于在 AIS 中可以进行短消息通信，如果将船舶避碰时的用语定义成一组短消息，在进行避碰操作时只用传输消息编号即可。这样就能有效防止避碰过程中由于语言障碍而造成的误解，降低碰撞事故的发生率。

（3）AIS 将有利于构建水上交管和监控平台

目前，世界各国正致力于建立全国沿海岸、内河水上交管和监控平台。这一平台在提高对海洋资源的开发和保护水平、水上交通运输安全和效率等方面具有重要意义。AIS 作为构建该平台的主要技术，具有许多优点。从经济角度看，AIS 相比传统雷达系统成本更低，易于普及；

从技术角度看,AIS 作为一种自组织无线链路数字通信系统,采用开放系统互联模式,在系统兼容性方面就有明显的优势;从功能角度看,AIS 集监控、识别、导航和通信等诸多功能于一身,满足水上交管和监控平台的需要。

2.3.4.5 避让标绘

为了判别与会遇船有无碰撞危险,应根据雷达观测信息进行标绘作业,标绘内容通常是求最近会遇距离和来船的真航向、真航速。

人工标绘作业可在极坐标图上进行:按一定时间间隔把来船回波的相对位置移标在图上,其连线就是该船的相对运动线。它离中心的垂直距离,称为最近会遇距离。最近会遇距离太近就有碰撞危险。已知本船真航向、真航速,通过作矢量三角形,就能求出会遇船真航向、真航速。20 世纪 60 年代出现了套在雷达显示器屏幕上的反射作图器,它使驾驶员能直接在屏幕上标绘而无视差,从而提高了标绘效率,但准确性有所降低,也不能留下记录。以后又出现了在屏幕上增加一些被称为"火柴杆"的电子标志和基于光、磁、机械等方法进行标绘的其他装置。20 世纪60 年代末到 70 年代初出现自动雷达标绘仪。

自动雷达标绘仪是附属于航海雷达的自动标绘装置,一般用电子计算机控制,可与雷达组装在一起,也可以作为单独部件。在工作时,需向它输入本船航向、速度、雷达触发脉冲、雷达天线角位置和雷达视频回波信号,由人工或自动录取会遇船,然后自动跟踪。通常用矢量线在屏幕上表示各会遇船的航向和航速,其长短可以设定。矢量线末端代表到设定的时间时各会遇船的位置,可以很容易看出有无碰撞危险。椭圆形或六角形也可用来显示预测危险区,其大小取决于所设定的最近会遇距离。如果会遇船的航向、航速和本船的航速均不变,本船航向线通过预测危险区时即有碰撞危险。当电子计算机算出最近会遇距离和最近会遇时间小于所设定的允许范围时,自动雷达标绘仪会自动地以各种方式(视觉和音响)报警,提醒驾驶员采取避让措施。如果需要,可进行模拟避让(模拟改向、改速或倒车),以确定所要采取的避让措施。为准确显示各种避碰信息,如选定船舶的方位、距离、航向、航速,最近会遇距离和最近会遇时间等,自动雷达标绘仪中还有数字显示器或字符显示器。

2.3.5 岸基的气象观测台站和海洋观测台站

气象观测台站指为了取得气象资料而建成的观测站。不少气象站内设有气压计、温度计及雨量计等被动式感应器来量度各种气象要素,部分气象站还设有地表及不同深度土壤或地表温度观测、海水温度观测等仪器。风向和风速计一般要求周边没有或只有很少阻挡,而温度和湿度计则要求远离阳光和辐射源的照射。海上的气象浮标和气象观测船可提供更多数据,如海水温度、浪高和潮汐周期等。

一般气象观测台站测量的基本气象要素包括温度、湿度、风向、风速、气压和雨量;较精密者可提供能见度、太阳辐射量、日照时数、紫外线强度、云量、土壤温度、露,甚至是定期发放高空探测气球以收集不同高度的气象数据。

海洋观测台站内装备有先进的水文气象观测仪器,具有多功能监测预报手段,可以研究水文气象和地理环境,对航运事业的发展和水上交通信息的获取都有积极作用。

2.4　船基水上交通信息的获取

船基水上交通信息的获取主要依赖于船载各种传感器完成,诸如雷达可对船舶周围的目标船舶、岛屿、岸线等碍航物信息进行采集;AIS 可采集到目标船的识别信息,并且能够实现船与岸、船与船之间的信息交换;ECDIS 可采集到航行区的海图信息;GPS 可采集到用户的位置信息,VDR 可采集到船舶的航行信息;测深仪可采集到船舶航行水域的水深信息。除此之外,随着传感技术的发展,一系列新的信息获取手段也逐渐在水路交通中投入应用,诸如激光雷达、红外线、可见光探测技术以及视频监测技术等手段的综合应用,可有效实现对船舶周围不同距离范围内的船舶、碍航物等信息的全天候采集等。

2.4.1　电子海图显示与信息系统 (Electronic Chart Display and Information System,ECDIS)

2.4.1.1　ECDIS 概述

电子海图显示与信息系统(ECDIS)是船舶驾驶台中各种传感器数据综合处理显示的平台,其设备本身由硬件和软件两部分组成。它符合 IMO 的要求,可以有选择地显示电子航行海图中的信息以及从航行传感器获得的各类信息,并且通过其自身的处理单元进行综合处理和显示,以帮助航海人员进行航线设计和航路监视,并按照要求显示其他与航海相关补充信息。经过了纸质海图的简单电子复制品到过渡性的电子航海图(ENS)这一阶段,ECDIS 已经发展成为一种新型的船舶导航系统和辅助决策系统。它能够收集并综合处理船上的雷达(Radar)、计程仪(Speed Doppler Log)、全球定位系统(GPS)、陀螺罗经(Gyrocompass)、船舶自动识别系统(AIS)、航行警告系统(NAVTEX)、测深仪(Echo Sounder)、航行数据记录仪(VDR)、自动操舵仪(Autopilot)等其他各类信息,并将其显示在电子海图设备上;同时,ECDIS 能够连续给出船位。这样强大的功能使它成为继雷达/ARPA 之后的船舶导航方面又一项伟大的技术革命。

2.4.1.2　ECDIS 的种类

(1)矢量海图(Vector Charts)

矢量海图是将数字化的海图信息分类存储的数据库,使用者可以选择性地查询、显示和使用数据,并可以和其他船舶系统相结合,提供诸如警戒区、危险区的自动报警等功能。

(2)光栅扫描海图(Raster Charts)

光栅扫描海图是通过对纸质海图的光学扫描形成的数据信息文件,可以看作是纸质海图的复制品,因此不能提供选择性的查询和显示功能。

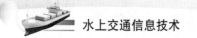

2.4.1.3　ECDIS 的功能模块

（1）电子海图数据处理及显示模块

该模块的主要功能是处理图上数据并进行显示,包括 ENC 向 SENC 转换、海图自动及手动改正、海图符号管理、海图要素分类及编码机制管理等功能。ECDIS 在处理数据的同时,会将这些内容合成,并在屏幕上进行绘制和显示,其中合成的过程为:给定显示区域→确定比例尺和投影方式→搜索合适的海图数据,并进行投影和剪裁计算→生成图形文件。

（2）航路设计及更正模块

该模块包含在电子海图上手工绘制和修改航线,自动进行航线的有效性、安全性检测,同时将已经绘制好的航线进行分类管理和保存,生成相关的航线列表供船员使用。

（3）传感器接口及处理显示模块

该模块主要是指将与 ECDIS 连接的外部设备,比如 GPS、雷达、AIS、测深仪、自动操舵仪、VDR 等接收的信息进行综合处理并显示在海图屏幕上。

（4）航行监控及报警模块

该模块主要用于实时监控。当船舶发生航行路线偏移或者接近危险物、浅滩等危险区域时,该模块就会发出报警,提醒船员及时调整航行路线以避免事故发生。但是,实时监控并不仅仅是对船舶航行的监控,还包括对所接入传感器信息进行数据监控,当发生信号丢失、无效、无法识别时,同样也会报警提醒船员。

（5）航行数据记录及回放模块

该模块的功能与"黑匣子"类似,主要用于记录船舶航行过程中所使用的海图详细信息以及航行要素,同时将这些数据进行保存。相关人员在需要这些数据的时候,可以从此模块进行调取和回放。

（6）航海问题交互与求解模块

该模块可供船员调取船舶航行所需要的信息,比如海流、潮汐、气象等。同时,船员可以通过该模块进行船位推算,恒向线、大圆航线计算,距离和方位计算,陆地定位计算,船舶避碰要素（CPA、TCPA）计算等,解决各类辅助信息显示和自动/手动切换问题。

2.4.1.4　ECDIS 的应用

（1）航线设计及修改

ECDIS 会根据要求自动地标绘航线。当船员确定转向点之后,ECDIS 会自动计算船舶在各个航段中的航程及航向标准,并对整条航线的总航程进行规划分析。

IMO 的性能标准对 ECDIS 提出了一些要求:ECDIS 可以设计直线或者曲线的航线;用户可以通过增加、减少及移动转向点,对换设定航路点等方式修改航线。

（2）多功能的报警功能

ECDIS 可以与 GNSS 进行连接。在船舶航行的时候,ECDIS 能够自动地识别船舶与计划航线是否偏离,确定偏离的距离,超出了航行前所设定的范围就会自动地进行偏航报警。ECDIS

也可以设定碍航物报警,对航线周围出现的禁航区域、礁石以及浅滩等碍航物进行预警处理。对于远航船舶,ECDIS 只有设置到达时间报警的功能,在船舶预计到达时间范围时发出预警。

（3）航行管理

①定位导航功能

ECDIS 的定位导航功能是通过与多种助航、导航设备连接实现的。ECDIS 与陀螺罗经、GNSS、测深仪、雷达以及计程仪等相关设备连接,并对其信息进行处理,显示船舶的实时位置、对地航向、航速等相关信息。同时,用户可以利用光标精准地测定周围物标的具体方向以及距离等。

②信息查询功能

ECDIS 可以获取物标的详细描述性信息,了解航线航向、航程信息以及港口潮汐等信息。用户通过移动光标的方式设置制定的目标,就可以使定位光标处显示目标区域的具体参数信息,也可以查询主港、副港中潮起潮落的精准时间以及具体状况。

③航行记录功能

根据 IMO 性能标准的规定,ECDIS 具有"黑匣子"功能,要存储 12 h 中的航迹线;不能对保留的数据信息进行修改;在 1 min 的时间周期记录船舶航迹的时间、具体位置、航向以及航速等信息。

2.4.1.5　ECDIS 在其他方面的应用

（1）AIS 与 ECDIS 的组合应用

1999 年,IMO 海上安全委员会第 45 次会议最后确定对《SOLAS 公约》第 5 章进行修订,明确规定航行于国际航线的总吨位 300 及以上的船舶和公约国航行于国内航区的总吨位 500 及以上的船舶,从 2002 年 7 月 1 日起到 2008 年 7 月 1 日分阶段执行配备 AIS 设备。AIS 可以周期性地发射和接收船舶的静态信息(如船舶 IMO 编号、船舶国籍、呼号、船名等)、动态信息(如船位、对地航速、对地航向、航行状态等)以及与航行相关的信息(如船舶吃水、危险货物种类等)。凡配有 AIS 的船舶都可以接收到这些信息,并可以在 ECDIS 上显示出来。AIS 可以向航行船舶提供所在航行区域的实时交通动态和相关信息,最大限度地避免船舶碰撞,提高海上搜救的工作效率。

AIS 系统能够与其他传感器相连,以便自动地从这些传感器中输入数据。其外部终端是 ECDIS。叠加了 AIS 信息的电子海图,使船舶能将自己的导航信息和其他船舶的信息显示在电子海图和雷达显示器上,提高了所有船舶的视见度及动向的明显性,解决了恶劣天气或雷达信号覆盖不到区域中的船舶的监控问题;同时也避免了在船舶避碰过程中语言不通无法协商引起误解而导致碰撞等问题的出现。

（2）ECDIS 在 VTS 系统中的应用

VTS 系统是为了解决海上船舶航行安全与效率而建立的。ECDIS 的出现使 VTS 系统向数字化导航广播服务方向发展。VTS 系统监控站通过数字化通信网络,把在船舶交通管制作用范围内的各种船舶的位置和运动情况通报给所有相关船舶。除了其他与航行安全有关的事项之外,这一信息被显示在船舶交通控制的控制中心和有关船舶的电子海图显示信息系统上。进入 VTS 系统作用范围的每艘船舶的 ECDIS 能够自动显示接收到的其他船舶的位置和运动情况,

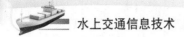

并能查询这些船舶的静、动态情况,根据需要与他船建立通信联系,解决了狭水道中通信目标容易混淆的问题。

（3）ECDIS 在船舶避碰中的应用

ECDIS 不仅能提供海图信息(水深数据、海底危险物情况、离岸距离等)和航行信息(本船位置、航向、航速等),而且能适时提供海上海运目标的动态信息(目标的航向、航速、方位、距离、CPA、TCPA 等)。因此,在制定避碰方案时,操作人员可通过 ECDIS 系统检测避碰方案的可行性,检测本船行动是否在可航水域。

（4）ECDIS 在港口引航中的应用

港口引航系统由引航员随身携带到引航船舶上,为引航船导航。除了为引航船导航外,港口引航系统与岸上值班室的港口引航监控系统相配合,实时地将引航船的船位、航向、航速、船首向等信息通过 VHF 数传电台发给监控系统。这样,岸上值班室人员就可以对引航船舶进行动态监控,必要时给予指导。

（5）ECDIS 在船舶调度管理中的应用

船务公司可以通过在电子海图上显示和标绘本公司所有船舶,查询其动态,对其进行调度指挥。当然,它离不开岸船通信系统,以便及时地获得船舶的动态信息。该系统中所使用的海图应该覆盖本公司所有船舶运营的航线。

（6）ECDIS 在航标管理中的应用

电子海图能够显示和标绘某个航标区的所有航标的信息,包括其照片、当前状态、设置和维修记录等。

2.4.2 全球导航卫星系统 （Global Navigation Satellite System,GNSS）

2.4.2.1 GNSS 概述

20 世纪 90 年代,全球导航卫星系统(GNSS)已经可以为用户提供授时信息和高精度导航定位服务。目前,世界范围内广泛应用的导航卫星系统包括中国的 BDS、美国的 GPS、俄罗斯的 GLONASS 和欧洲的 Galileo。针对卫星导航的相关研究产业已经在国内外取得显著成果,空间卫星导航系统的建设和完善已成为各个国家发展战略层面上的首要任务和高端科技制高点。卫星导航定位技术及其衍生产品已经应用到了移动目标导航定位、突发状况应急救援、工程环境测量、航天探测器研发和无线组网通信等诸多领域。

GNSS 的定位包含三要素:

（1）根据导航电文确定的卫星瞬时坐标;

（2）星地距离的测定,主要包含测距码和测相两种方法;

（3）定位解算(数学模型与随机模型),包括伪距定位(一般用于导航绝对定位,瞬时精度 5~10 m)和载波相位定位(用于高精度相对定位,1ppm~2ppm)。

GNSS 卫星接收机接收到的是调制波信号,包含了载波(L1、L2 等)、测距码(C/A 码和 P 码)和数据码 D 码(也叫导航电文)。因此,卫星信号经天线接收后需要进行重建载波和数据解码等工作,将导航电文从调制波中分离出来。

GNSS 卫星的导航电文(又叫数据码 D 码)主要内容包括:卫星星历、时钟改正、电离层时延改正、工作状态信息以及由 C/A 码捕获 P 码的信息。GNSS 导航电文中的卫星星历也称为广播星历,是由系统的地面控制系统求得并注入卫星的。它由 17 个参数组成(6 个轨道数、9 个振动改正参数和 2 个时间参数)。

如图 2.7 所示,每个全球卫星导航定位系统都由以下 3 部分组成:空中卫星、地面监控系统和用户接收机。以 GPS 为例,其空中卫星包括 21 颗 GPS 工作卫星和 3 颗备用卫星。这种布局保障了在地球上任何时刻、任何地点均至少可以同时观测到 4 颗卫星,我国一般可收到 6~10 颗卫星。地面监控系统由主控站、监测站和注入站组成,主要任务包括:监视卫星的运行;确定 GPS 时间系统;跟踪并预报卫星星历和卫星钟状态;向每颗卫星的数据存储器注入卫星导航数据等。GPS 地面监控系统由 1 个主控站、5 个地面监测站和 3 个注入站组成。主控站设在美国本土科罗拉多州,主要任务是根据监测站跟踪观测数据,计算各卫星的轨道参数、钟差参数,以及大气层的修正参数,编制成导航电文并传送至各注入站。主控站还负责调整偏离轨道的卫星,必要时启用备用卫星。监测站是在主控站控制下的数据自动采集中心,主要任务是为主控站提供卫星的连续观测数据、监测卫星的工作状况,将所有观测数据连同气象数据传送到主控站,用以确定卫星的轨道参数。注入站主要任务是将主控站发来的导航电文注入相应卫星的存储器中。整个 GPS 的地面监控系统,除主控站外均无人值守。用户接收机包括主要是各种型号的接收仪器。接收机的主要功能是:迅速捕获并跟踪卫星信号;对所接收到的卫星信号进行变换、放大和处理,测定出 GPS 信号从卫星到接收天线的传播时间;解译出导航电文,实时地计算出测站的三维坐标、三维速度和时间等所需数据。接收机从用途上分为导航型、测地型和授时型等。

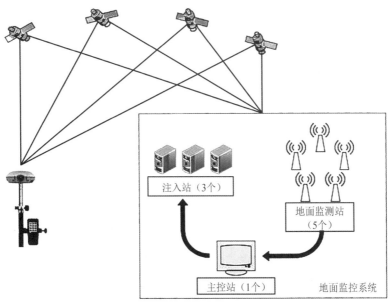

图 2.7　GNSS 系统组成

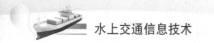

2.4.2.2 北斗卫星导航系统

1994 年—2002 年是我国北斗一号系统的攻关研制时期。2000 年 10 月、12 月,2003 年 5 月,我国先后发射的 3 颗北斗试验卫星,为静止于赤道上空(80°E、140°E 和 110.5°E)的地球同步卫星,轨道高度为 36 000 km。2003 年初步建成北斗卫星导航试验系统。北斗一号能够提供基本的定位、授时和短报文通信服务。北斗试验验证系统的服务区域为 70°E ~ 140°E,5°N ~ 55°N。其定位精度优于 100 m。北斗试验验证系统首次定位速度快,其用户定位、电文通信和位置报告可在几秒内完成,而 GPS 首次定位一般需要 1 ~ 3 min。北斗试验验证系统是集定位、授时和报文通信(120 汉字)于一体,解决了"何人、何时、何处"的相关问题,实现了位置报告、态势共享。其授时精度高。GPS 的精密定位业务(PPS)授时精度为 200 ns,北斗试验验证系统的单向授时精度达 100 ns,双向定时精度达到 20 ns,远远高于 GPS 的授时精度。北斗试验验证系统还可实现分类保障,即可划分使用等级范围,授权用户与公开用户分开,并可随时进行定位保障等级的调整、优先权调配和能力集成。由于北斗一号系统在 2008 年汶川抗震救灾中发挥了显著的作用,因此该系统在灾害应急救援方面的应用获得了各方高度重视和认可。北斗一号系统的主要用户是涉及国家安全和经济安全的政府部门、军方和行业用户。北斗一号系统在民用领域的定位导航应用较少,其主要原因是系统采用有源定位体制,导致终端价格较高,保密性能差、定位精度与 GPS 相比处于劣势,因此未能进入大众化的民用商业领域。

北斗区域卫星导航系统在亚太地区具有良好的几何覆盖,在 60°S ~ 60°N 和 65°E ~ 150°E 之间的区域内,可见卫星数在 7 颗以上,PDOP 值一般小于 5,可满足不同用户的导航定位需求。北斗二号系统伪距和载波测量精度已与 GPS 处在同一水平,伪距测量精度约为 33 cm,载波测量精度约为 2 mm。北斗一号系统单频伪距单点定位水平精度优于 6 m,高程精度优于 10 m,三维点位精度优于 12 m,已满足设计要求。在短基线情况下,北斗一号系统伪距差分定位的平面精度优于 1.5 m,高程精度优于 2 m,三维精度优于 2.5 m,与 GPS 相比仍存在差距。北斗区域卫星导航系统已具备双频 RTK 定位能力,其单历元双频模糊度解算成功率几乎与 GPS 相当,且在北斗与 GPS 组合定位时,模糊度解算的固定率和可靠性均显著提高。北斗区域卫星导航系统载波相位差分定位精度与 GPS 相位差分定位处在同一水平,超短基线情况下,三维定位精度优于 1 cm,而在短基线情况下优于 3 cm。北斗与 GPS 组合定位对单系统定位精度的改善也较明显,在短基线情况下,北斗与 GPS 组合载波相位差分动态定位精度相对于单一的 GPS 系统定位的可提高 20% 以上。

北斗全球卫星导航定位系统(北斗三号系统)从 2017 年开始布网,2018 年完成了"一带一路"共建国家覆盖,2020 年实现全球覆盖。北斗全球卫星导航定位系统由 30 颗卫星组成(3 颗静止卫星和 27 颗非静止卫星)。3 颗地球同步轨道卫星(GEO),轨道高度为 35 786 km;3 颗倾斜地球同步轨道卫星(IGSO),轨道高度为 35 786 km,倾角为 55°;24 颗中地球轨道卫星(MEO),轨道高度为 21 528 km,倾角为 55°。GEO、IGSO 除参加定位观测外,还可用于发射北斗三号系统、GPS、Galileo 广域差分增强信息和完好性信息,差分伪距定位精度可达 1 m 以内。

北斗三号系统投入使用,并覆盖"一带一路"共建国家,2020 年全面组网,如图 2.8 所示。

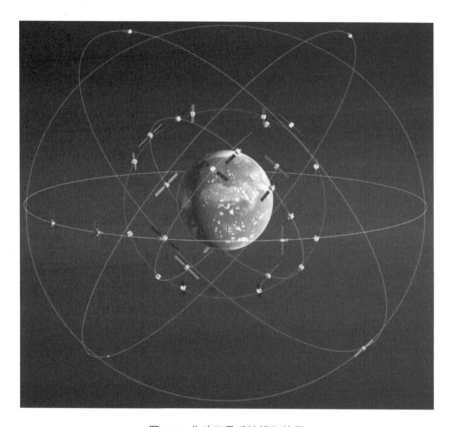

图 2.8　北斗三号系统投入使用

2.4.2.3　全球定位系统(Global Positioning System,GPS)及其系统组成

1958 年 12 月,美国海军为了给"北极星"潜艇提供全球性导航,研制了海军导航卫星系统(Navy Navigation Satellite System,NNSS)。自 1963 年 12 月起,美国陆续发射的 6 颗工作卫星组成子午卫星星座,使得在地球表面上任何一个测站上,平均每隔 2 h 便可观测到其中 1 颗卫星。由于这些卫星的轨道均经过地球的南北极上空,故称为子午卫星。卫星的高度在 950~1 200 km 之间,运行周期约为 107 min,轨道近似于圆形。NNSS 由 3 部分组成:子午卫星、地面监控系统以及多普勒接收机。1967 年 7 月 29 日,美国政府解密子午卫星的部分电文供民间使用。20 世纪 70 年代中期,我国引进卫星多普勒接收机并得到了广泛应用。与之前的罗兰系统相比,NNSS 绝对定位精度从 ±100 m 提高到 ±1 m,基本实现了我国海岛和陆地的联测,观测和数据处理自动化程度高,工作可靠,定位精度高(2 天连续观测可达 2~3 m),定位速度快,经济效益好。但 NNSS 不能提供连续的导航服务,难以满足高动态体的导航(卫星少且有间隔),相对精度低;难以满足工程测量的要求(轨道低且观测时间长),定位速度慢(2~3 天工程上不能容忍)。美国国防部在总结了 NNSS 的优劣以后,1973 年 12 月批准研制新一代的卫星导航系统——导航卫星定时测距全球定位系统(Navigation Satellite Timing and Ranging Global Positioning System),简称全球定位系统或 GPS。GPS 的建立经历了方案论证、系统研制和生产试验等 3 个阶段,总投资超过 200 亿美元,是继阿波罗计划、航天飞机计划之后的又一庞大的空间计划。1978 年

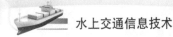

2月22日,第一颗GPS试验卫星发射成功;1989年2月14日,第一颗GPS工作卫星发射成功,宣告GPS进入了生产作业阶段;1994年全部完成24颗工作卫星(含3颗备用卫星)的发射工作。

GPS具有全球性、全天候、连续性等三维导航和定位能力的优点,并且保密性好,成本低,使用方便,其应用价值已越来越引起世界各国的密切关注。西方发达国家均已开始大规模研制和生产GPS的用户设备,并使其向小型化、低能耗和低成本的方向发展。目前,普遍使用的差分GPS的精度可用米(m)为单位衡量,是继互联网之后,又一从军用转为民用,并获得空前发展,成为服务空间信息传输的主要技术手段。

GPS由3大部分构成,即空间部分(GPS卫星)、地面监控部分(地面监控系统)、用户设备部分(GPS信号接收机)。

(1)空间部分

GPS的空间部分由GPS卫星星座组成。GPS卫星星座原计划是把24颗卫星均匀地分布在6个不同的近圆轨道平面上,然而发展到今天,在轨道上运行的卫星数量早已突破计划的数量。各个轨道平面与赤道平面夹角大约为55°。各个轨道平面之间夹角为60°,每条轨道距离地面约为20 187 km。在地球上任意地点任意时间都能观测到5~8颗卫星。每个卫星都利用2个L载频传送信号,即L1(1 575.42 Hz)和L2(1 227.26 MHz)。每个卫星均在相同的频率上传输信号,但是每个卫星的信号在用户接收前都经过了多普勒频移。L1承载精密码和粗捕获码,L2只承载精密码。用于导航的数据报文附加在这些码上,2个载频上承载相同的导航数据报文。精密码通常是经过加密处理的,只有粗捕获码可供民用。

(2)地面监控部分

地面监控部分由若干个功能各异的地面站组成,根据功能的差异一般将它们分为主控站、监测站和注入站。

①主控站

主控站是唯一的,地点位于美国科罗拉多州的空军基地内。主控站24 h连续运转。职责是通过将一些由监测站获得的观测数据传送给注入站后,再由注入站注入对应卫星中,以此完成对卫星星座的指挥和控制,主要包含卫星运转状态的监控、卫星的日常维护和故障维修等功能。

②监测站

监测站的作用是卫星信号的接收以及卫星状态的监测。这是GPS卫星信号处理的第一步,包含的内容有连续跟踪并记录卫星的载波相位、卫星发射的导航电文等,之后将获取的信息都传递到主控站,在主控站内对上述信息进行相应的处理。实际上,监测站主要是通过高品质的GPS接收机来完成卫星信号的接收。

③注入站

注入站的作用是在卫星经过其上空时,将由主控站发送来的已处理的信息注入卫星,并负责监测该导航信息的准确性。

(3)用户设备部分

用户设备部分即GPS信号接收机。GPS信号接收机捕获到跟踪的卫星信号后,即可测量出接收天线至卫星的伪距离和距离的变化率,解调出卫星轨道参数等数据。根据这些数据,

GPS 信号接收机中的微处理计算机就可按定位解算方法进行定位计算,计算出用户所在地理位置的经纬度、高度、速度、时间等信息。GPS 信号接收机硬件和机内软件以及 GPS 数据的后处理软件包构成完整的 GPS 用户设备。GPS 信号接收机主要由天线单元、主机单元和电源 3 部组成。天线单元的主要功能是将 GPS 卫星信号非常微弱的电磁波转化为电流,并对这种信号电流进行放大和变频处理。而 GPS 信号接收机的主要功能是对经过放大和变频处理的信号电源进行跟踪、处理和测量。在静态定位过程中,GPS 信号接收机在捕获和跟踪 GPS 卫星的过程中保持静止,通过精准测量 GPS 信号的传播时间,并结合 GPS 卫星在轨道上的已知位置,解算出 GPS 信号接收机天线所在位置的三维坐标。而在动态定位中,GPS 信号接收机安装于运动物体上,即载体上。载体上的 GPS 信号接收机天线在跟踪 GPS 卫星的过程中相对地球而运动,并利用 GPS 信号实时测量运动载体的状态参数,如位置、速度等。

2.4.2.4　GNSS 在航运领域的应用

（1）船舶数据采集

船舶动态报告等船舶数据被接收后写入数据库。利用电子海图实时显示船舶的位置、时刻、航向、航速等航行信息。

（2）船舶动态监控获取

航行船舶的动态信息在电子海图上实时显示和处理(以电子海图为背景,实时显示船舶符号、标识、船位时间、速度矢量,以监视其运行状态)。监管人员可通过通信设备对船舶进行指挥或提供信息服务,实现全水域受控船舶的动态监视、实时标绘、船位推算、信息查询、指挥调度、安全施救。在船舶动态信息、船舶需求信息等被发送到监控中心后,导航系统对船舶进行航行辅助和避碰辅助。当发生事故时,信息会被快速地发送到监控中心。监控中心下发相应的处理指令,显示给船舶操纵人员以进行航行辅助。

（3）动态信息发布

GNSS 实时发布航道变迁、水情、天气预报、通航情况等信息,船舶自动接收。船舶也可根据需要实时查询。

（4）航运管理

航运管理各职能及服务部门,履行交通管理、值班搜救、通航管理等多重职能。各部门根据各自的实际情况开展了船舶动态实时跟踪监控管理、信息服务、航行协助、交通组织计划管理、参与联合行动等方面的工作。

2.4.3　航行数据记录仪(Voyage Data Recorder , VDR)

2.4.3.1　VDR 概述

航行数据记录仪是以一种安全和可恢复的方式,持续存储船舶发生事故前后一段时间的与船位、动态、物理状态命令和操纵相关的信息。它也被俗称为"黑匣子"。这个名词是源于航空器的飞行数据记录仪。它的存在与不幸事件有关,英文称为"Black Box",但这并不意味着它的颜色是黑的。航行数据记录仪的外壳必须符合海上救生设备的反光和颜色的规定,因此它现在的颜色都是橙黄色的。它不仅具有记录用于事故原因分析调查的数据,还可以记录雷达数据,监控会船全过程、主辅机运行数据,以及监控主机,使其性能和维护情况达到最优化等功能,对船舶的安全运行与管理起到控制作用。其实,VDR 未来的发展方向就是由单一的数据采集与记录向船队管理方向发展。VDR 的客户端可以将 VDR 的数据通过 Inmarsat F 船站等卫星通信设备,发送到船公司,可以实现定时发送,操作方便简单;获得的数据通过转发,使得公司、个人均可以了解船上基本信息;同时通过 Inmarsat F 船站,可进行双向可视对讲及监控,这样 VDR 也就成为船舶远程可视管理系统的重要环节。所以,VDR 不仅为海事调查和仲裁提供科学的法律依据,监控船员的技术操作状况,还可供船员培训使用,判断达到的技术水平以及监控主机状况及节能状况,提高船公司的信息管理水平。

2.4.3.2　VDR 系统结构及功能

(1)数据记录单元(Data Recording Unit,DRU)

DRU 是真正意义上的"黑匣子",能记录不少于 12 h 的数据。其外壳由坚固的防烧损的厚壁材料组成,能满足抵御爆炸、燃烧、冲击、浸没等极端条件的要求。外壳上还安装有一只无线电示位标。示位标自带海水电池,遇海水即自动发送遇难位置信号,以便被搜救。

(2)数据采集单元(Data Collecting Unit,DCU)

DCU 即我们常说的"主机",是整个 VDR 的核心,由高性能工业控制机、通信模板、报警电路等部分构成,一般安装在驾驶室墙壁上。DCU 负责与各模块的通信、整合 VDR 系统的协调与管理、数据流分析与报警、数据存储等。

DCU 下部接口板上不仅有外部信号接口,还有通信接口,通过连接外部电脑并运行 Live Player pro 软件,便可进行 VDR 数据的实时回放与下载等操作;DCU 右上部装有一只移动硬盘(Hard Disk Drive, HDD),能保存最近约 48 h 的数据。事故调查人员既可以现场下载数据,也可以取走 HDD 回去分析,而不必移动笨重的"黑匣子"(DRU)。DCU 顶部装有一组备用电源——蓄电池,可以保证 VDR 在外部电源中断后工作至少 2 h。DCU 机箱采用高强度金属框架结构,具有防磁、防振、一定的防水及抗机械冲击的能力。

(3)遥控报警单元(Remote Alarm Panel,RAP)

遥控报警单元一般安装在驾驶室墙壁上比较显眼的地方,方便船员查看与操作。其上部状态显示窗口显示故障报警代码,根据代码可以迅速查找并排除故障。通常最频繁出现的代码是042——雷达关机所致。下部的"SAVE"按钮在发生事故时按下,以保护当前数据不被刷新。"SAVE"按钮左右分别是"测试"与"消声"按钮。

2.4.3.3　VDR 采集记录的数据信息内容

(1)采集记录的操舵信息

该信息包括车钟指令、车钟回令、主机油门操作、螺距操作、实际舵角、转舵操作、推进器、侧推器、回声测深仪数据、信号灯状态等。

（2）采集记录的船舶状态信息

该信息包括主机转速、舵向、航迹向、航速、船位、船体开口状况、水密门和防火门状况、船体应力、风向和风速、水深、时间等。

（3）采集记录的雷达图像信息

VDR 采集记录雷达显示器的图像数据，每 15 s 采集一帧雷达图像。

第3章

水上交通数据管理与信息安全

3.1 水上交通信息数据库系统

随着航运的发展,船舶日趋大型化,船舶航行日趋密集,船舶发生事故的风险也越来越大。如何应对密集航行船舶航行的安全,已然成为焦点。目前,一些先进技术也被引入船舶监控,使我国港区和海上船舶交通状况得到了明显改善,海上险情和船舶发生事故的总体数量比以往大幅减少,但现状仍然不够乐观。本节主要介绍水上空间数据库系统及其设计原则方法,本体概念及构建,数据标准化,包括S-100、S-101、S-102等,便于后期深入研究。

航运业的迅速发展,使得水上交通规模愈加复杂和庞大,也使得船舶航行事故频发。2018年我国共发生一般等级及以上中国籍运输船舶水上交通事故176件,同比下降10.2%;死亡失踪237人,同比上升24.7%;沉船83艘,同比上升3.8%;直接经济损失2.9亿元,同比上升5.5%。2019年,我国共发生一般等级以上中国籍运输船舶水上交通事故137件,同比下降22.2%;死亡失踪155人,同比下降34.6%;沉船46艘,同比下降44.6%;直接经济损失17 987万元,同比下降38.0%。水上交通安全的安全保障越发重要,水上交通信息数据库系统的建立,能够监测各类船舶的相关信息,为航行提供保障,进而降低事故的发生。

近年来,交通运输部加大了对VTS中心的建设力度,我国呈现出繁荣发展的良好局面。截至目前,我国已经建成并正式运行VTS中心30个,基本实现对主要港口、航道和重要水域的全面覆盖。同时,数据采集分析以及支持搜救应急等联合行动的新设备和新系统也在不断引入,主要包括自动识别系统(AIS)、闭路电视(CCTV)、远程识别与跟踪系统(LRIT)等,使得港口和海上的船舶交通状况得到了明显改善,船舶在海上的航行安全得到了有效保障,海上险情和事故的总体数量也较以往大幅减少。然而,国内VTS对收集信息的分析和处理水平不高、共享性差,无法满足远洋船舶需求;同时在船舶航迹的分布规律、船舶密度分布态势等量化的水上交通

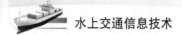

参数和指标上缺少计算和评价,对水上交通信息的收集和评估自动化水平不高,对历史数据也缺少系统统计,造成大量数据流失,仍是未来亟待的问题。

3.1.1 空间数据库系统

3.1.1.1 相关概念

地理信息系统(Geographic Information System,GIS)是一种决策支持系统,是以采集、存储、管理、分析、描述和应用整个或部分地球表面(包括大气层在内)与空间和地理分布有关的数据的计算机软件系统。GIS 的定义是由 2 部分组成的。一方面,GIS 是一门学科,是描述、存储、分析和输出空间信息的理论和方法的一门新兴的交叉学科;另一方面,GIS 是一个技术系统,以空间数据库(Spatial Database)为基础,采用地理模型分析方法,提供多种空间的和动态的地理信息,为地理研究和地理决策服务的计算机软件。

系统空间数据库是指地理信息系统在计算机物理存储介质上存储的与应用相关的地理空间数据的总和,一般是以一系列特定结构的文件的形式组织在存储介质之上的。空间数据库系统不仅包括空间数据库本身(指实际存储计算机中的空间数据),还包括相应的空间数据存储器、操作系统、数据库管理系统、空间数据管理系统和空间数据库管理人员等部分。空间数据库系统组成如图 3.1 所示。

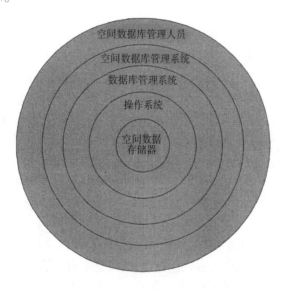

图 3.1　空间数据库系统组成

3.1.1.2 数据库设计原则

(1)真实性

真实性在应用系统的设计中占有非常重要的位置。数据库应当能非常翔实地反映出现实应用所涉及的各个环节,也就是说设计必须忠于规范。因此在数据库设计的初期,应对业务管理做细致的调查分析,以确保所设计的数据库的真实性。

（2）适当冗余

在数据库系统设计中,冗余性一般都是不利的。它不仅会不必要地占据系统资源,浪费存储空间,减慢响应速度,而且会给系统数据一致性带来潜在的威胁。因此,系统数据库设计要精简掉重复的不必要的冗余字段和冗余数据类型以及冗余的表,力求使数据库系统在结构和性能上达到最优。与此同时,为保证查询速度和程序的简单性,数据库不需要完全清除冗余。因为在某些场合下,适当的、有限度的冗余可以给系统带来很高的执行效率。

（3）简单性及实用性

在数据库系统设计中,过于复杂会给应用造成麻烦。无论从数据库的设计还是程序的编写,简单性及实用性是非常重要的。这不但对于开发是必需的,对后期维护和系统升级也是必需的。

（4）安全性原则

数据库系统应遵循安全性原则,提供比较完善的数据库维护和管理工具,能定期进行系统数据备份,以防止数据的丢失。系统数据损坏后也能自动恢复功能。数据库设计过程中,通常要经过现实世界到概念模型、逻辑模型,最后到物理模型的多次转换,最终建立计算机能够处理的数据模型。因此,数据库设计通常包括了概念设计、逻辑设计和物理设计等几个方面。

3.1.2 本体

3.1.2.1 本体概念

本体(Ontology)最开始出现在哲学领域,是关于事物存在和其本质规律的学说。从20世纪90年代开始,其含义不断延伸,泛指领域的基本概念和术语,以及它们之间的关系。广义的本体概念主要是用来研究某一个领域的知识,是对抽象知识的具体化描述。这一定义包含了5层含义:本体的构建方法是概念模型,本体是用来描述领域知识的,本体描述的知识是可共享的,本体描述的概念和关系都是明确的,以及本体需要实现形式化。随着本体研究的不断发展,很多学者在不同领域建立了领域本体来实现信息检索、语义识别、知识发现和图像处理等功能。

3.1.2.1 本体构建

本体构建是从某个领域中提取知识,形成描述该领域数据的语义概念、实例和其间的关系。目前尚没有构造本体的统一标准,一般采用的5条原则包括:

第一,本体要用自然语言对相应的术语给出明确、客观、与背景独立的语义定义。

第二,本体要保证给出的定义是完整的,完全能够表达所描述的术语的含义。

第三,本体定义的公理与用自然语言说明的文档应该具有一致性。

第四,本体的构建要具有可扩展性,支持在已有概念的基础上向本体中添加术语时,不需要

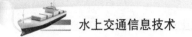

修改已有的概念定义。

第五,对待建模对象给出尽可能少的约束,只要能够满足特定的知识共享需求即可。

本体的开发过程通常是迭代的,即先给出初步的本体框架,然后在对本体进行不断修改和精炼的过程中补充细节。本体的构建过程分为以下7步进行:

第一,确定本体的领域和范围;

第二,考虑重用现有本体;

第三,列出本体中的重要术语;

第四,定义类和类的继承;

第五,定义属性和关系;

第六,定义属性的限制;

第七,构建实例。

3.1.3 数据标准化

3.1.3.1 S-100

2010 年 1 月,国际海道测量组织(International Hydrographic Organization,IHO)公开表示,《S-57 数字海道测量数据传输标准》已不再适合目前海道测量数据应用的现实需求,同时发布了《S-100 通用海道测量数据模型》。IHO 的海道测量传输标准维护和应用开发组(TSMAD)于 2015 年 6 月发布的 2.0 版中对部分表述的内容进行了补充,对其他部分进行了修订,为该系列标准全球化应用打下基础。我国翻译、探讨和研究了 S-100 的 1.0 版,结合 IHO《S-57 数字海道测量数据传输标准》分析和阐释 S-100 对其空间模式、建模机制和应用模式,并对 S-100 系列标准的产品规范(S-101)进行探讨与研究。IHO 于 2017 年前在 S-101 产品测试的基础上与国际电工组织(IEC)和 IMO 协调以使其接纳 S-100,并在 2018 全面发布实施(目前来看并未实施),2022 年前完成 S-57 与 S-100 的数据转换。

S-100 区别于《S-57 数字海道测量数据传输标准》,而采用全新模式制定的《S-100 通用海道测量数据模型》。S-100 内容共分 12 个部分,分别为:概念模式语言、IHO 地理空间信息注册表体系结构、通用要素模型与开发应用模式、元数据、要素目录、坐标参考系统、要素编辑空间模式、影像与格网数据、要素图形表征方式、编码格式、海道测量数据产品规范及其要素完整描述、更新与出版相关产品的程序。

S-100 的开发基于 ISO 19135 地理信息项注册程序标准,引入了注册机制,以促进更广泛的海道测量和其他相关数据类型在 S-100 产品中的应用。IHO 各成员及相关海道数据生产商可根据自己实际生产需求向 IHO 注册系统中相应的注册表内注册相关的规范或者提交修改注册项的提议,从而保证了标准的可扩展性与灵活性。

S-100 地理信息注册器由 IHO 发起,并由 IHO 有关的组织来管理与维护,数据生产商及 IHO 的成员可通过网络访问并操作位于国际海道测量组织官方服务器上的地理信息注册集,以此来实现注册或修改注册项的功能。IHO 地理信息注册系统由一系列的注册表和注册项组成,注册表主要分为 5 大类,包括要素概念字典注册表(Feature Concept Dictionaries Register)、图示表达注册表(Portrayal Register)、元数据注册表(Metadata Register)、数据生产者代码注册表

(Data Producer Codes Register)、产品规范注册表(Product Specificcations Register)。

3.1.3.2　S-101

S-101 是基于《S-100 通用海道测量数据模型》体系框架建立的新一代《电子海图产品规范》,它严格遵循了 S-100 中第四到第十部分的规定,针对海道测量数据,建立电子海图产品规范的原则和方法。

IHO 建议在 S-57 转换到 S-100 应用的过渡期内,仍然使用之前的 S-57,尽量不要使用 S-101 中新增的内容和功能,保证电子海图生产到应用环节的有序过渡。海道测量数据获取、编码、维护和产品发布等 S-100 中未涉及的方面,仍保留 S-57 中绝大多数规定的内容。除了保留 S-57 中电子海图大部分物标要素规定的内容以外,为了克服 S-57 中电子海图产品标准存在的部分缺陷,提高数据应用效率和改进用户体验,根据多年来用户和利益相关者的反馈信息,S-101 研发了许多新的概念和结构,如动态要素(Dynamic Feature)、要素描述目录(Feature Portrayal Catalogue)、复合属性(Complex Attribute)、信息类型(Information Type)、不依比例尺变化要素(Scale Independent Feature)、曲线(Curve)等,并在制定过程中邀请海道测量组织官员、软件产品制造商、ECDIS 设备制造商、最终用户等其他航海利益相关群体的参与。虽然 S-101 中还有一些内容尚未明确研发出来,目前看来仍比较模糊,但是从总体看来,S-101 在很大程度上能够满足未来发展的需要。

S-57 与 S-101 中规定的空间矢量数据模型区别如表 3.1 所示。在 S-57 中,空间矢量数据模型采用结点(Node)、边(Edge)和面(Face)进行数据的组织。S-57 中的空间矢量数据模型如图 3.2 所示。

表 3.1　S-57 与 S-101 中规定的空间矢量数据模型区别

S-101 中矢量数据模型	S-57 中矢量数据模型	备注
点(Point)	结点(Node)	点状要素
曲线(Curve)	边(Edge)	线状要素
面(Surface)	面(Face)	面状要素
无(None)	—	新增

在 S-101 中,空间矢量数据模型采用 GIS 的方式,以点(Point)、曲线(Curve)和面(Surface)进行数据的组织。S-101 还提出了没有空间几何属性要素的矢量数据模型标注为无(None)。此外,S-101 中明确规定"曲线(Curve)"是由 WGS-84 下的"恒向线(Loxodromic Line)"组成,"面(Surface)"的边界为"环(Ring)"。

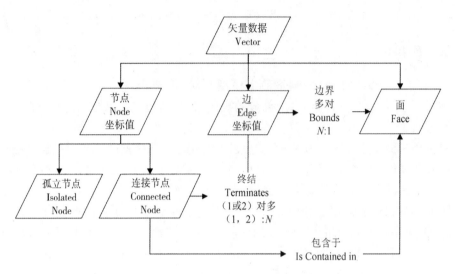

图 3.2　S-57 中空间矢量数据模型

3.1.3.3　S-102

S-102 是基于 S-100 体系和 ISO TC211 建立的具体到水深数据层面的产品技术规范,属于 S-100 体系结构中的一个子集。S-102 中的产品模式与 S-100 中的第 8 部分内容影像与格网数据保持一致。S-102 指出,水深表面产品的首要目的是支持安全航行,第二目的则是作为一个独立的水深信息数据,用于其他用途。S-102 中定义了用于共享水深覆盖区域数据的内容模式和交换文件格式,其水深表面数据可以独立应用,同时也可以作为 ENC 数据的一层或与其他 S-100 的数据结合使用。

S-102 中的水深表面数据产品提及了"航海表面(Navigation Surface,NS)"概念。"航海表面"是指可以保障航海航行安全的海洋表面,包括水深实测值和不确定水深估计值,以这 2 种水深值替换,由航道测量师凭借经验判断得到的水深值,从而最大限度地保障航海安全。这就意味着,除了水深实测值和不确定水深估计值以外,它还包括由"航道测量特权"的航道测量师重写的水深值。从本质上讲,在航道测量的重要领域,这是一个能够直接区分水深值是否由人为估计的有效手段。此外,在 S-102 中,由航道测量师估计的水深值依然会被保留在跟踪列表中,可以根据需要随时调出。

3.2　水上交通信息安全理论与技术

3.2.1　水上交通信息安全保障必要性分析

水上交通以船舶为主要运载工具与交通信息发生单元。无论在内河还是近岸、远海,船舶的行驶自由度与信息单元的离散程度,都决定了其对于交通信息的高度依赖,保障船舶信息发布的完整度与及时性至关重要。

公共水上安全与军用层面对水上交通信息安全提出了更高的需求,除了前面提到的信息完整性,信息的保密性必须被重点强调,包括船舶与船舶、船舶与辅助设备。船舶与岸上平台的通信信息安全,还包括信息集中平台的数据库接入与维护安全。

水上交通的执法经常需要相应信息作为支撑。这时候,信息不可抵赖性的关键就凸显了出来。比如,当船舶发生碰撞时,事故责任的确定,需要船舶的航行信息具有不可更改、不可抵赖的特性。时序与空间顺序上的唯一性与正确性是保障合理交通执法的必要条件。

自主可控是保障网络安全、信息安全的前提。能自主可控意味着信息安全容易治理、产品和服务一般不存在恶意后门并可以不断改进或修补漏洞。从全局层面看,信息安全体系的架构必须强调整体防御,满足信息自主可控。

总体而言,水上交通信息安全保障需要满足信息的保密性、完整性、不可抵赖性、自主可控等几大要求。这也是一个完整的信息安全框架的基本要求。

3.2.2　水上信息安全具体问题分析

从物联网的角度分析,水上信息的流动层可分为感知层、网络层、数据处理层、应用层、展现层。

3.2.2.1　感知层

感知层由各类数据获取设备组成。感知层存在的问题包括数据非法监听、干扰,感知节点认证和身份伪装等问题。

(1)数据非法监听、干扰

水上交通信息网的感知节点多数安装在船舶、货物、航道、港口、码头、桥梁、岸基上,由于船舶的流动性,感知节点大多数使用无线网络采集数据,使得节点很容易被非法监听、干扰。

(2)感知节点认证和身份伪装

水上交通信息网感知层内部需要建立船舶身份认证和密钥管理,在数据传输之前需要预先协商会话密钥。为保证数据真实性,针对传感网络内部数据的身份和信息来源,对个别节点需进行标识和节点认证,需要对可能被攻击者控制的节点行为进行信誉评估以降低入侵后的危害。恶意感知节点会拒绝转发特定的消息并将其丢弃,以使得这些数据不再被传播,为保证数据传输机制正常运行,需要建立安全路由机制保证传输信道畅通。

3.2.2.2　网络层

网络层由互联网、移动通信网、卫星网和专用短程网络等组成。

网络层比较突出的问题是异构性。接入层的异构性,对针对终端提供移动性管理,保证异构网络间节点漫游和服务的无缝移动,提出了更高要求。同时由于网络异构性,不同的无线网络接入使用不同的密钥协商机制,需要建立跨网认证统一机制,具体而言,指异构网络认证和密钥协商一致性机制。该机制可以解决不同无线网络接入时遇到的跨域认证和跨网络认证问题,

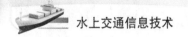

增强通信网络的安全性。

除此之外,网络层还存在路由攻击与域名服务器攻击。

网络层亟须解决的问题,是数据传输过程中的安全。在这一过程中,防止网络窃听是其重中之重。不同的无线网络接入使用不同的密钥协商机制,需要建立跨网认证统一机制。

3.2.2.3 数据处理层

数据处理层由基础数据库、公共技术支持平台和业务数据库组成。

由于需要对大量的感知数据进行处理,操作系统存在更大可能遭受病毒和恶意软件的侵害;数据库也更可能会遭受网络黑客的入侵,从而影响数据的安全性和完整性。

在数据可用性方面,面对复杂的海量数据进行判断和识别,需要智能处理平台整合和分配,同时需要建立航运数据文件的备份和恢复机制。

数据库中的数据必须合法,同时要满足相关字段数据特性的需求,保证数据完整性。

水上交通通信环境复杂,多系统平台间信息交互困难。在多任务操作系统中,多个进程的同时执行可能引起资源的冲突,若不加协调可能导致死锁,因此建立访问恰当的控制机制对进程加以协调十分必要。

3.2.2.4 应用层

中间件是处于操作系统和应用程序之间的软件。它处在水上交通信息网的集成服务器端和感知层、网络层、数据处理层和应用层的嵌入式设备中,固化了很多通用功能。中间件支持不同模块之间的通信协议和运行环境,但在具体的应用中,需要二次开发来实现业务的需求。由于应用的多样性,中间件在具体应用时需要二次开发,从而限制了应用在异构系统之间的移植。这样就使得中间件在应用开发中碰到了困难。

在水上交通信息的应用系统中,大量的数据涉及用户的隐私问题(如船舶出行路线信息、船位信息、货物信息等),如何设计不同场景、不同等级的隐私保护技术将是水上交通信息安全技术研究的热点问题。

由于水上交通信息服务对象较多,受异构接入设备特殊性的影响,构建统一的安全管理平台来应对复杂的应用业务是比较困难的,需要建立业务身份认证机制。

在水上交通信息网应用系统区域边界部署防火墙,实现边界协议过滤,可有效禁止非法用户入侵应用系统。

3.2.2.5 展现层

展现层由智能终端、手机、广播、可变情报板、AIS 终端等组成。

为保障数据真实性,实现展现层信息的安全传递,需要建立客户端身份认证机制,实现应用端口与客户端的一致性关联。

终端设备(AIS、可变情报板、船载终端等)是向用户展现信息的主要方式,终端安全主要指物理安全和应用安全,需要建立合理的安全防护机制保护终端正常运行。

身份认证和安全审计:用户每次登录终端来访问应用服务时都需要身份认证,并提供少量认证失败反馈信息,超过限定次数登录失败时,系统锁定该用户账号,并记录用户登录历史信息。

会话锁定:用户登录智能终端操作系统后,经过一段设定时间内,未进行任何操作,系统自动锁定或跳转至默认执行任务、进程,锁定后需重新登录,防止一直占用登录进程。

总结而言,水上交通信息安全保障主要集中解决以下几个问题:近岸水域由于多种传感器等船载设备的存在,如何保障多节点设备接入下的信息安全问题、远海的远程通信安全问题以及服务平台的数据库安全问题。

3.2.3　水上交通安全保障技术

3.2.3.1　底层加密算法

无论实现何种信息安全方面的需求,底层实现都要依靠加密技术。

从类型上来说,底层加密算法主要分为两类,即对称加密算法与非对称加密算法。两者的区别在于,加解密的密钥是否相同。顾名思义,对称加密的加密密钥也可以用作解密密钥,而非对称加密使用不同的加解密密钥。

经典加密算法包括散列算法、对称加密技术、非对称加密技术。

3.2.3.2　散列算法

散列,又称哈希(Hash),指根据文件内容,进行散列压缩,使得对于特定内容存在一个唯一确定的散列值。通过这个散列值,可以确定文件的唯一性。文件内容发生任何改变,得到的散列值也会随之改变。散列技术通常用于数字签名。

散列算法中比较有代表性的有 MD5 算法与 SHA-1 与 SHA-2 算法。

MD5 算法的原理可简要地叙述为:以 512 位的分组来处理输入的信息,且每一分组又被划分为 16 个 32 位子分组。经一系列的处理后,算法的输出由 4 个 32 位分组组成。而后将这 4 个 32 位分组级联后生成一个 128 位数列值。它实质是一种消息摘要算法。MD5 算法具有计算迅速的特点,因其不可逆性,通常可以用来进行签名以保障信息完整性。

利用 MD5 算法代替传统系统中的 DES 算法,可以弥补传统舰船加密通信系统运行效率低、数据完整性差的问题。

SHA-1,即安全散列算法,是一种密码散列函数,由美国国家安全局设计。SHA-1 可以生成一个被称为消息摘要的 160 位(20 字节)散列值,散列值的通常呈现形式为 40 个十六进制数。SHA-2 为 SHA-1 的后继者,为信息提供了更高的安全性。

3.2.3.3　对称加密算法

对称加密算法,即进行加密的密钥与进行解密的密钥相同的算法。对称加密算法是比较有代表性的经典 DES 算法。

DES 算法设计中使用了分组密码设计的 2 个原则,即混淆(Confusion)和扩散(Diffusion)。其目的是抗击他人对密码系统的统计分析。混淆是使密文的统计特性与密钥的取值之间的关系尽可能复杂化,以使密钥和明文以及密文之间的依赖性对密码分析者来说是无法利用的。扩

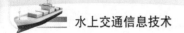

散的作用就是将每一位明文的影响尽可能迅速地作用到较多的输出密文位中,以便在大量的密文中消除明文的统计结构,并且使每一位密钥的影响尽可能迅速地扩展到较多的密文位中,以防对密钥进行逐段破译。

通过扩展 DES 算法的密钥位数会使得穷举攻击变得更加困难,可以提高算法的安全性,例如 DESTH 算法通过扩展加密明文的分组以及加密的密钥,将 64 位的密钥扩展到了 128 位,同时通过左半部分和右半部分的交互通信进一步加强了算法的安全性,提高了抵抗穷举攻击目的的能力。

AES,即高级加密标准,是原有 DES 的升级加密标准。

3.2.3.4 非对称加密算法

非对称加密算法,顾名思义,即加密密钥与解密密钥不同的算法。其中比较有代表性的是 RSA 算法。

RSA 算法的安全性依赖于大数分解,但是否等同于大数分解一直未能得到理论上的证明,也并没有从理论上证明破译。RSA 算法的难度与大数分解难度等价。假设存在一种无须分解大数的算法,该算法是可以被修改为大数分解算法的,即 RSA 算法的重大缺陷是无法从理论上把握它的保密性能如何。密码学界多数人士倾向于因子分解不是 NPC 问题。

3.2.4 具体信息安全技术

3.2.4.1 节点安全技术

在近岸水上交通多节点设备接入时,保障网关接入安全与节点安全是重中之重。

网关(Gateway)又称网间连接器、协议转换器。网关在传输层上以实现网络互连,是最复杂的网络互联设备,仅用于 2 个高层协议不同的网络互连。网关的结构也和路由器类似,不同的是互联层。网关既可以用于广域网互连,也可以用于局域网互联。网关是一种充当转换重任的计算机系统或设备。在使用不同的通信协议、数据格式或语言,甚至体系结构完全不同的 2 种系统之间,网关是一个翻译器。与网桥只是简单地传达信息不同,网关对收到的信息要重新打包,以适应目的系统的需求。同时,网关也可以提供过滤和安全功能。大多数网关运行在 OSI 7 层协议的顶层——应用层。

在船舶物联网日渐完善的今天,物联网节点的安全十分重要。船舶物联网节点使用传输层安全协议来创建连到云端的安全连接。但要实现真正的安全,物联网节点还必须获得应用层的安全性。这意味着不只是通信通道,节点固件本身也需要经过认证。除了通道认证,应用层还应建立加密和数据完整性检查机制来保护流经管道的数据。

3.2.4.2 通信安全技术

当船舶在远洋航行时,信息流通主要集中在船舶与船舶、船舶与岸上的通信活动中。在这一过程中,首要的就是保证通信安全。

电子通信数据链加密技术,充分利用空间稀疏、编码运算简便和增强数据链信息清晰度的特点,能够提高数据链加密对信息熵攻击的抵御效果。

3.2.4.2　数据库安全

对于各类船舶信息服务平台,数据库安全不容小觑。

数据库的不安全因素包括非授权用户对数据库的恶意存取和破坏、数据库中重要或敏感的数据被泄露,以及计算机硬件、操作系统、网络等相关的安全环境问题。

(1)用户身份鉴别技术

用户身份鉴别技术包括静态口令鉴别、动态口令鉴别、生物特征鉴别与智能卡鉴别等。

静态口令鉴别最常见的为用户固定密码(口令)登录。动态口令鉴别最常见的为手机验证码登录。生物特征鉴别最常见的为人脸识别、虹膜识别、指纹识别等。智能卡鉴别一般利用嵌入的集成电路芯片,为不可复制的硬件。

(2)权限控制技术

对于不同级别的用户,分别授予不同等级的查看与修改权限。对权限的给予和回收应进行严格管控。

(3)数据加密技术

数据库内信息不予以明文存储,而是存储加密后的密文。这样即便数据库的前几道安全防线被攻破,仍旧可以保证信息不被外泄。用户在进行访问时,先得到密文数据,而后再进行解密,也可以保障用户与数据库间的通信安全。

(4)采用视图机制

对用户仅展示必要信息,而不对用户予以数据库底层数据的开放,也可以提升数据安全的保障能力。

(5)数据脱敏

为防止利用统计规律或者差分隐私推断信息,可将数据进行脱敏处理。常见的脱敏手段包括对数据进行截断、随机化、替换、取平均、偏移和取整等。

为保障数据库安全,还应对数据库进行审计,记录访问与修改历史,并监控其中的非法行为。

3.3　水上交通信息认证技术

交通作为我国的基础建设,与经济、科技的发展有着密切的关系。随着互联网、物联网和移动通信等技术的发展,智能交通系统在国内外得到了广泛的重视。

早在20世纪60年代,美国的有关部门就已经着手研究智能交通系统的相关技术,当时还只是称为电子路径导向系统。而到了20世纪90年代,美国成立了非营利性的智能交通系统协议,并开始在交通控制与管理、自动驾驶等方面进行发展,逐渐从计划阶段向建设阶段过渡。进入21世纪以后,美国进行战略调整并侧重了重大领域的相关研究,主要向车路协同、道路安全、

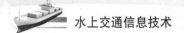

信息服务以及互联网通信等方面发展。

我国在20世纪70年代,也已经开始将电子信息应用在交通行业中,当时只是称为交通工程。直到20世纪90年代以后,我国的研究人员才开始关注并研究智能交通系统的相关技术。到了21世纪,我国开始制定智能交通系统体系框架,此阶段正是技术体系和系统的形成时期。目前,我国的智能交通系统正处于发展的黄金时期,也已经上升到了国家战略层面,正逐步向着应用化方向发展。

在智能交通网络中,车联网是交通网络的核心组成部分。它的出现大大提高了交通运行的效率。船联网则随着海洋经济的发展,也成为交通网络的重要组成部分,而船联网中的射频识别技术(Radio Frequency Identification,RFID)也为航运的发展起着重要的作用。但是车联网和船联网处于无线通信的开放网络中,而且都存在着很多数据共享信息和身份隐私信息,因此这些信息都面临着被攻击和泄露的风险。

以密码学为基础的认证技术,往往被用作保护网络安全的第一道防线,在通信安全和隐私保护中发挥着重要的作用。认证技术主要是对信息的完整性和身份的合法性进行验证。

3.3.1 认证技术

认证,又称为鉴别。在认证技术中,加解密技术是认证技术的基础,往往被用做保护系统安全的第一道防线。而认证技术主要包括消息认证技术、身份认证技术以及数字签名技术。

3.3.1.1 消息认证技术

消息认证主要是验证进行了加密或签名处理的消息。其最主要的目的是检查消息在通信传输和存储过程中是否受到了攻击者的修改或伪造。消息认证主要验证消息内容的完整性、消息收发方身份的合法性以及消息的时效性等。

验证消息内容的完整性,不会使用常见的对称或非对称加密算法。它并不是用来防止原始信息被截断窃取,而是用于证明收到的原始消息的完整性和准确性。常用的消息认证技术主要包括Hash函数技术和报文认证码技术(Message Authentication Code,MAC)。

为了抵抗各种安全攻击,所使用的Hash函数应满足单向性、强抗碰撞性以及计算快速性等性质。而MAC与Hash函数很相似,也是输入任意长度的消息来输出固定长度的数据,这个数据被称为MAC值。但是在使用MAC时,需要发送方和接收方要有相同的共享密钥,而使用Hash函数则不需要。Hash函数和MAC的对比如图3.3所示。

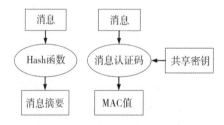

图3.3 Hash函数和MAC的对比图

验证消息收发方身份的合法性主要有 2 种方法：一种是发送方和接收方要提前协商好一个用于消息加密的共享密钥，然后发送方开始发送用共享密钥加密成的密文，在接收方收到密文之后，只要能用共享密钥解密得到明文，就可以验证出发送者的身份；另一种则是发送方和接收方会提前协商出发送消息使用的一串通行字，发送方先将通行字放入原始消息中，然后将明文加密成密文发送。当接收方收到密文之后，首先进行解密得到明文，要是从明文中得到的通行字与之前协商的通行字相同，则就验证了发送者的身份。为了防止攻击者的攻击，消息中的通行字是可以变的。

验证消息的时效性主要目的是阻止攻击者使用之前的通信消息进行重放攻击。为了抵抗重放攻击，安全协议常使用的验证方式就是在认证的过程中加入随机数和时间戳，从而可以实现消息的时效性验证。

3.3.1.2　身份认证技术

身份认证，又称为身份鉴别。认证的原理就是被认证方拥有一些独有的秘密信息，而这些信息是秘密存储并且无法伪造的，可以在不泄露自己身份信息的情况下，向认证方来证明自己合法的身份，从而通过认证方的验证。从认证方式上来看，身份认证技术可以使用直接的方式，也可以使用间接的方式。

直接身份认证技术主要是验证被认证方是否含有合法的身份标识符，比如传统的户口户籍制度、身份证制度以及各种有效证件等。随着网络技术的发展，指纹、声纹、人脸等生物识别技术也得到了发展应用。

间接身份认证技术则是在消息加密和签名过程中，通过验证收发方是否含有合法的密钥。这种认证形式主要是通过询问-应答式的认证协议，首先认证者会选择一些随机数等进行询问，然后被认证者进行回答，最后认证者判断回答的有效性来验证身份的真实性。有时候认证是双向的，就是认证者和被认证者要进行相互认证。询问-应答式协议主要包括基于公钥密码体制和基于私钥密码体制 2 种。

3.3.1.3　数字签名技术

在传统的工作生活中，通常使用签名或盖章的方式来保护文件和书信的真实有效性。但是随着电子文件、电子邮箱、电子商务金融以及电子政企办公的应用，需要对产生的电子文档进行验证，传统的技术就受到了限制，从而就产生了数字签名技术。

数字签名技术就是消息发送者使用某种加密算法产生一段其他人无法伪造的字符串，然后这段字符串可以作为消息真实性的有效证明。数字签名技术主要使用了公钥密码算法，包括普通的数字签名技术和特殊的数字签名技术。普通的签名算法主要包括 RSA、ElGamal、DES/DSA以及椭圆曲线签名算法；而特殊的数字签名算法主要包括盲签名、群签名、代理签名以及门限签名算法等。

数字签名技术在保障网络信息安全中发挥着重要作用。它具有可鉴别身份、防抵赖、防假冒、防篡改、防重放以及保密性等性质。数字签名技术的出现，解决了传统技术的局限性，使用数字签名既可以验证消息内容的完整性，同时也可以验证消息通信双方的身份信息。

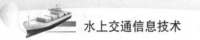

3.3.2 船联网的 RFID 系统

随着车联网技术的成熟发展,船联网作为智能交通网络中的一部分,也得到了快速的发展。船联网作为智能交通领域新的发展方向,在船舶航运、海洋开发、通信导航等方面发挥了重要作用。

船联网简单地说,是船舶之间通过网络通信连接在一起,进行信息的共享,形成一个智能航运的信息服务网络。同样船联网也不仅仅是船与船之间的通信,也包括船内网、船与岸通信形成的网络等。船与船之间的通信主要进行信息的共享,包括船位信息、船舶外部环境信息以及天气状况等。船内网也是船内的各种电子设备及机械设备,通过无线或有线形成一个完整的船内信息系统,进行信息的传输。船与岸通信则是船舶与岸边控制机构形成的通信网络,船舶可以将采集到的各种信息传到岸上,岸上的信息也可以发送到船舶上。随着船联网的结构体系不断完善,船联网中的节点将会包括船舶、岸上基站设施、通信导航卫星、岛屿基站设施、气候观测点、桥梁隧道以及水上航标浮标等,然后结合卫星定位技术、无线通信技术、射频识别技术以及传感器技术,实现机构对各节点的感知和监管。船联网具有导航定位、通信交流、安全防护和信息服务等功能,可为船舶的运输提供更加智能和安全的通航环境。

在船联网系统中,RFID 系统是非常重要的组成部分,并且发挥着重要的作用。RFID 系统主要通过射频识别技术,以非接触方式,与船舶、货物、海上浮标等目标物进行通信,实现数据的发送和接收。RFID 系统主要包括 3 部分:后端服务器、阅读器和电子标签。RFID 技术改善了以前不便捷的信息处理能力,可以实现对多目标的批量识别认证,大大提高了工作效率。而且RFID 技术具有密码保护,不易被攻击伪造等优点,所以安全性很高。另外,RFID 技术与传统的条形码技术相比,在信息更新、存储空间、使用时间、工作效率以及安全性等方面,都有很大的提高。因此,RFID 技术已经应用到很多领域中。比如,在物流管理中,通过 RFID 技术可以快速识别附着在货物上的电子标签,从而可以有效地对货物进行追踪、采集信息数据,以及分类管理货物等,极大提高了物流的处理效率。在物品的防伪上,RFID 系统中的电子标签很难被攻击伪造,所以可以用电子标签的唯一性来识别认证物品,从而也有效打击了假冒伪劣产品,但是推广需要政府和企业的大力支持。另外,RFID 技术在智能交通、身份识别、门禁系统、移动支付以及信息统计方面都得到了广泛应用。RFID 技术在船联网中的应用有很多方向,当船舶驶进或离开陆岸时,陆上设施需要对船舶进行身份的识别。这就需要船舶安装电子标签,以便能快速完成身份的识别以及信息通信。在进行货物的装卸时,船舶对海洋上的浮标进行数据采集,都用到了 RFID 技术,工作效率都得到了极大的提高。因此,船联网中的 RFID 技术对船联网的发展发挥着重要的作用。

但是在 RFID 系统中,阅读器和标签之间是不安全的无线通信,通信中的数据也是很容易被监测或修改的,另外系统中的标签也存在着身份和密钥等信息,因此 RFID 系统也面临着很多安全和隐私问题。为了解决 RFID 系统存在的安全问题,国内外研究人员提出了很多认证协议,但是由于 RFID 技术标签的存储量和计算能力比较小,以及群组标签认证慢的问题,现有的认证协议都有一定的不足。

3.3.2.1 RFID 系统的构成

船联网中的 RFID 系统主要由电子标签(Tag)、阅读器(Reader)以及后端服务器(Server)等部分组成。RFID 系统模型图如图 3.4 所示,本系统的后端服务器是安装在船舶上的。

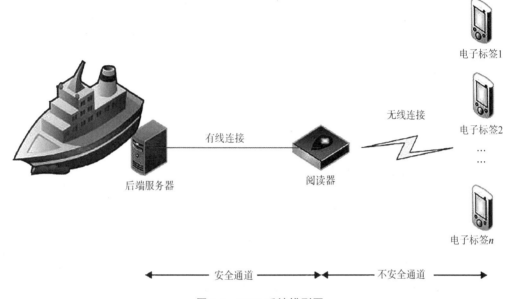

图 3.4 RFID 系统模型图

(1)电子标签

电子标签简称标签,主要由收发天线、数据存储器以及各种电路模块等组成。标签利用内置的天线以无线非接触的方式与阅读器进行通信。标签的存储器会存储标签的 ID 信息、密钥参数信息等,从而实现数据的存储。标签中的各种电路模块可以组成微处理器,对阅读器发送的信息进行计算处理,从而完成安全加密和身份认证等功能。

(2)阅读器

阅读器也叫作读写器,主要由信号收发天线、数据存储器、微处理器以及数据读写模块等组成。阅读器的主要任务是与标签进行无线通信,可以接收标签发送的信息,也可以将信息发送给标签,实现了标签和后端服务器的通信交流。阅读器对读写的数据信息一般只是进行简单的处理,复杂的计算还是要交给后端服务器。阅读器不仅可以实现对单个标签的读写,在识别范围内可以同时对多个标签进行识别处理。

(3)后端服务器

后端服务器一般都具有很强的存储信息和处理数据的能力。它存储着标签及阅读器的所有数据信息,负责生成整个 RFID 系统的相关参数,并将各种参数存储起来。在对标签进行认证时,后端服务器负责认证的整个过程。

3.3.2.2 RFID 系统的基本工作原理

RFID 系统的基本工作原理是:阅读器想要识别读取某个标签,会向标签进行靠近,当靠近到自己能识别的范围内,首先会向标签发送关于认证的射频信号,然后等待标签的回应。在标签识别接收到阅读器发出的认证射频信号之后,如果标签是无源标签,则会凭借射频信号产生的感应电流来获得能量,然后标签内部进行一系列的运算操作并将结果作为回应消息发送给阅读器。如果标签是有源标签,则标签不需要获得能量就可以主动发送回应消息。如果标签是半有源标签,开始是处于休眠状态的,当收到阅读器的认证射频信号之后,立刻进入工作状态,并向阅读器发送回应消息。当阅读器收到标签的回应消息后,一般只是进行简单的分析,然后继续将消息传输到后端服务器中进行计算处理,如果处理之后的信息需要标签的确认,则需要继续通过阅读器发送给标签。

这就是 RFID 系统一次完整的工作过程,如果认证过程需要多次通信,那么就需要重复进行这一过程。

因此,RFID 系统的工作原理大概就是标签与阅读器进行无线通信,阅读器与后端服务器进行有线通信,然后实现了三者之间的通信交流。

3.3.2.3　RFID 系统的安全目标

在 RFID 系统中,由于标签与读写器之间是无线不安全的信道,而且它是一个非常开放性的通信信道,所以在该范围内的任何具有射频设备的人都可以获取到该通信信道的信息。通过对这些信息进行分析,就有可能从中得到标签的身份、密钥等数据信息。这样攻击者就可以对标签进行位置追踪攻击或者假冒标签的身份来通过阅读器的认证,从而破坏 RFID 系统的正常工作,引发一系列的安全问题。在一般情况下,RFID 系统面临的攻击主要包括物理攻击、位置追踪攻击、假冒攻击、重放攻击、拒绝服务攻击以及去同步化攻击等。所以,针对这些攻击所设计的认证协议必须能够抵抗得住,才能确保整个 RFID 系统的安全性、隐私性以及高效性。因此,本节提出的协议应该具有以下安全目标。

(1)实现双向认证

本协议最重要的目的就是实现后端服务器与群组标签之间的双向认证,所以本协议必须满足双向认证的目标。首先后端服务器和阅读器能够对标签进行认证,如果存在无效假冒的标签,应当将其找出并去除,而且要更新群组共享密钥。随后,标签也要对后端服务器和阅读器进行认证,认证通过之后,才会将存储在标签内的群组共享密钥进行更新。

(2)抵抗位置追踪攻击

阅读器和标签是开放不安全的无线通信信道,攻击者可能会监控想要攻击的目标标签的通信消息,从而可以在阅读器与标签之间的所有通信信息中识别定位出该目标标签,导致此目标标签的身份信息和位置信息被泄露,很快就会被攻击者攻击。因此,协议必须确保攻击者不能从标签发送的消息里得到标签的位置信息。

(3)抵抗假冒攻击

攻击者可以得到阅读器向标签发送的信息以及标签回应阅读器的信息,从而来假冒标签,所以标签必须存储着独有的身份信息和私钥,并且发送的信息具有单向性,不能根据这些信息得到私有信息,这样攻击者才无法假冒标签发起攻击。

(4)抵抗重放攻击

攻击者得到阅读器与标签之间的通信消息,就可以重放这些消息再一次来通过认证,因此在协议中需要加入特定的方法,这样攻击者利用这些重放的消息就无法通过认证。

(5)抵抗拒绝服务攻击

在认证过程中,进行群组共享密钥更新时,攻击者可能会截取阅读器和标签之间的通信信息,双方就无法得到这些通信信息,从而使后端服务器与标签的认证过程中断,达到攻击的目的。所以,协议应该保证在受到攻击时,认证过程不被中断。

(6)抵抗去同步化攻击

在认证过程中,后端服务器完成对标签的认证之后,需要更新群组共享密钥,并将相关数据参数发送给群组中的标签,但是在数据信息传输过程中,可能受到攻击者的修改攻击,使得标签计算得到更新的群组共享密钥与后端服务器中的不一样,这样标签就无法通过下一次的认证。所以当标签计算得到更新后的群组共享密钥,需要向后端服务器确认自己已经更新完毕,否则可能会出现此类攻击。因此,协议要能够抵抗去同步化攻击。

第4章
水上交通信息处理与分析

4.1 水上交通信息的智能挖掘技术

由于水上交通信息数据的爆炸式增长,传统的数据分析方法已呈现出局限性。为了有效识别和发现水上交通信息数据的新模式和其内在规律,大数据分析和数据挖掘技术的思想应运而生。本节结合数据挖掘的实现方法和应用实例进行具体阐述,以期大数据技术在未来海量海事数据的综合管理和分析决策有进一步的发展。

4.1.1 水上交通信息研究背景

经过多年的信息化建设,我国在水上交通的信息化方面取得了显著成果,许多业务应用系统的落地运转,积累了大量的水上综合数据信息。根据不同的职能要求,在港口、船舶、航道、水上救助、通信等设施的基础上,我国建立了航道地理信息系统、水文信息系统、船舶动态监控系统、港口信息系统、水上救助信息系统等。信息技术与经济社会的交汇融合引发了数据迅猛增长,数据已成为国家基础性战略资源,大数据正日益对全球生产、流通、分配、消费以及经济运行机制、社会生活方式和国家治理能力产生重要影响。

在"一带一路"倡议、"海洋强国"大背景下,国家对海洋经济的开发建设十分重视。随着云服务、大数据、物联网、人工智能等新技术的不断发展革新,我国的海事部门也在信息化、数据体系化上做着基础性的建设。船舶自动识别系统(Automatic Identification System,AIS)作为船舶间及船岸间进行动静态信息交互,从而实现船舶相互识别、交通流监管等功能的重要助航设备,已被国际海事组织(IMO)认定为船舶必须安装的船载设备。经过十几年的发展,成熟的 AIS 网

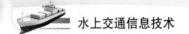

络系统积累了大量包括船舶航迹及水上交通环境多种信息在内的数据。这些数据数量庞大、内容丰富、蕴藏着海上复杂交通环境中的潜在规律及特征,而且随着时间的推移,数据量也会急剧增长,符合大数据的基本特性。

4.1.2　水上交通信息大数据分析

全球知名咨询公司麦肯锡最早提出"大数据"(Big Data)。麦肯锡给出的定义是:一种规模大到在获取、存储、管理、分析方面大大超出了传统数据库软件工具处理能力范围的数据集合,具有海量的数据规模、多样的数据类型、价值密度低和快速的数据流转4大特征。

大数据分析在当今社会各行各业得到了广泛的应用,如医疗健康行业和交通运输行业。水上交通信息也特别适合开展大数据分析,海量的海事数据符合大数据的4大特征。一是规模大。海事当前海量数据涉及水上交通的各个方面,如航行船舶数据、船员数据、航运公司数据、通航环境数据、船舶配员数据、船舶进出港数据、船舶航迹数据、安全事故数据、日常检查管理数据等。二是种类多。参与水上交通中船、人、航路、环境等不同的数据具有不同的属性,如船舶的空间位置数据与移动轨迹数据、各个监控摄像头视频数据、天气变化数据、水上交通事故数据等,导致海事海量数据种类繁多,数据形式也多样。三是价值密度低。海事海量数据规模大,种类多,不同类型的数据具有不同的属性,数据在具体的应用过程中需要从海量数据中筛选出有用数据,难度较大,导致海事海量数据的价值密度低。四是速度快。海事海量数据的动态监管数据具有实时性,数据实时采集,更新速度快,例如船舶交通管理系统雷达数据,雷达天线每3 s转动一圈,获得雷达覆盖范围的船位实时数据;船舶自动识别系统岸基设备,实时获取水域范围内船舶船载自动识别系统播发的数据;船舶报告系统在线接收航行船舶提交航行计划数据;海事架设大量视频摄像头等专用设备采集到的实时视频数据等。

4.1.3　大数据处理与分析的一般步骤

大数据处理与分析的一般步骤如图4.1所示。

大数据处理与分析主要包括数据采集、数据预处理、数据存储、数据处理与分析、数据可视化、数据应用等环节。

大数据处理的第一步就是数据采集。数据源会影响大数据的真实性、完整性、一致性、准确性和安全性。现在的大中型项目通常采用微服务架构进行分布式部署。数据采集过程中通常有一个或多个数据源。这些数据源包括同构或异构的数据库、文件系统、服务接口等,而且这些数据也容易受到比如噪声数据、数据值缺失、数据冲突等的影响,因此首先需要对采集到的数据集合进行预处理,用来保证大数据分析与预测结果的准确性与价值性。

数据预处理就是在对数据进行数据挖掘前,先对原始数据进行必要的清洗、集成、转换、离散和规约等一系列的处理工作,使之达到挖掘算法进行知识获取研究所要求的最低规范和标准。数据预处理技术如下:

(1)数据清洗:主要有重复记录清洗、噪声数据处理、缺失数据清洗。

(2)数据集成:主要解决实体识别问题、冗余问题。

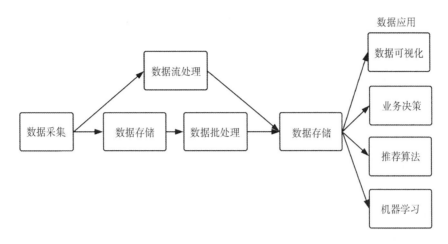

图4.1　大数据处理与分析的一般步骤

（3）数据变换：主要有平滑处理、数据聚集、数据概化。

数据预处理可以使残缺的数据完整，将错误的数据纠正，将多余的数据去除，将所需的数据挑选出来并且进行数据集成，将不适应的数据格式转换为符合要求的格式，还可以消除多余的数据属性，从而达到数据类型相同化、数据格式一致化、数据信息精炼化和数据存储集中化。

在收集到数据后，就需要对收集到的数据进行数据存储，通常用 MySQL、Oracle 等传统的关系型数据库来存储。它们的优点就是能够快速存储结构化的数据，而且支持随机访问。但大数据的数据结构通常是半结构化（如日志数据），甚至是非结构化的（如视频、音频数据），为了解决海量半结构化和非结构化数据的存储，就衍生了 Hadoop HDFS、KFS、GFS 等分布式文件系统。它们都能够支持结构化、半结构和非结构化数据的存储，并可以通过增加机器进行横向扩展。这种分布式的文件系统完美地解决了海量数据存储的问题。

数据分析通常分为 2 种方式：批处理和流处理。批处理指对一段时间内海量的离线数据进行统一的处理，对应的处理框架有 Hadoop MapReduce、Spark 等；流处理指对实时生成的数据实时地进行处理，即在接收数据的同时就对其进行处理，对应的处理框架有 Storm、Spark Streaming 等。批处理和流处理各有其适用的场景，如时间不敏感的或者硬件资源有限的，可以采用批处理的方式；时间比较敏感和实时性要求高就可以采用流处理的方式。

4.1.4　数据挖掘技术

数据挖掘相当于深层次的数据分析。这一词是在 1989 年 8 月于美国底特律市召开的第 11 届国际人工智能联合会议上正式形成的，常与 KDD（Knowledge Discovery in Database）互用。简单地说，数据挖掘是从大量数据中提取或挖掘知识。它是识别数据的新的模式和发现数据反映的事物内在规律的过程。模式即描述数据集某个子集的一个表达式。它是数据库技术、人工智能、机器学习和统计学等学科相结合的产物，并最先从商业和企业中发展起来。数据挖掘主要服务于以下 2 个目的：

洞察：识别出可以理解的模式及趋势以便可以根据内在规律采取行动，比如找出某种事故高发时驾驶员的技术策略。理解基本的模式就可以从源头上进行管理。

预测:构造一个可以根据输入的数据而做出预测或打分的模型,比如构造一个根据驾驶员的操作行为、航道特征和其他外部环境情况的统计数据预测事故发生的倾向的模型。这个模型的输入可以是船舶及交通流状况、操作人员技术水平、水文气象、航道条件、环境条件等。而影响事故的输出参数包括一些重要指标,比如死亡人数、沉船数量、直接经济损失等。

经过多年的发展,国际上典型的数据挖掘技术包括分类、聚类、相关性分析、偏差分析、可视化。采用的理论方法有数理统计、粗糙集理论、仿生物技术理论(神经网络、遗传算法等)、信息方法(决策树)、模糊理论等。其中,分类可以通过神经网络等方法构造分类函数,消除数据的噪声和弥补数据不全,把数据项映射到给定的类别中的某一个。聚类是根据数据的不同特征,将其划分为不同的数据类,并使得属于同一类别的个体之间的距离尽可能小,而不同类别的个体之间的距离尽可能大。分类与聚类的区别在于,分类学习的例子或数据对象有类别标记;而聚类对象的数据是没有标记的,需由聚类算法来自动确定,也称为无监督归纳。相关性分析是为了发现特征之间或数据之间的相互依赖关系,可通过回归分析、关联规则等实现。偏差分析则包括分类中反常实例、例外模式、观测结果对期望值的偏离以及量值随时间的变化等,寻找观察结果与参照量之间显著的差别,通过发现异常可以引起人们对特殊情况的重视。可视化可以将某些不可见的或抽象的事物表示为看得见的图形和图像,为理解大量的复杂数据提供帮助。

4.1.5 水上交通信息应用实例

(1)船舶轨迹数据挖掘及其应用

海量 AIS 数据的产生和大数据时代的到来促使船舶轨迹数据挖掘和应用成为目前研究的重点内容,主要包含 5 部分研究内容:轨迹数据采集和获取、轨迹数据预处理、轨迹索引和检索、轨迹模式挖掘和异常检测。轨迹数据采集和获取的途径直接保证了数据的有效性和代表性。轨迹数据预处理决定了后续研究的准确性。轨迹索引和检索能对比轨迹之间的差异性,度量轨迹之间的相似性,从而为轨迹模式挖掘方法提供度量标准。轨迹模式挖掘能够提取轨迹的关键特征、有利于轨迹分析,也可以进一步检测异常轨迹、规划航路和预测船舶轨迹。船舶轨迹分类和聚类是异常检测、轨迹预测和船舶避碰的基础。轨迹分类和聚类是数据挖掘的重要研究方法,有助于挖掘模式信息和检测船舶异常行为。异常检测和识别研究是数据挖掘的重要应用部分,有助于事故前预防和事故后致因分析,从而保障船舶航行安全。

AIS 和 VTS 数据是获取船舶航行信息和保障船舶航行安全的重要方式。自雷达引入以来,船舶导航、避碰、预测和异常识别一直是航海安全领域最重要的课题。AIS 跟踪系统起初用于船舶避碰,使商业船舶在任何情况下都能更清晰准确地定位对方船舶,同时改善周围环境信息,目前已广泛应用于船舶跟踪和定位、船舶知识提取和航路规划、船舶预测、船舶异常行为识别研究等。基于 AIS 数据的船舶轨迹挖掘及应用流程及模块如图 4.2 所示。

(2)数据挖掘在水上安全分析中的应用

我国已步入世界航运大国的行列,但在航运安全生产和安全管理等方面尚存在许多问题亟须解决。伴随着航运部门和船舶数据的计算机化、信息化和智能化的发展,人们已经对水上交通事故数据、船舶航行、操作和碰撞等方面积累了一些数据,基本具备了将数据挖掘等相关理论的研究和应用到水上交通安全的条件,如将灰色理论和数据挖掘结合来进行水上交通安全碰撞

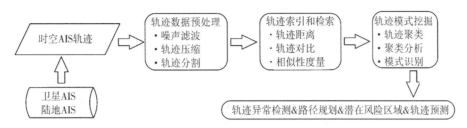

图 4.2　基于 AIS 数据的船舶轨迹挖掘及应用流程及模块

事故的关联分析。还有学者使用了开源的数据挖掘工具 WEKA 对我国的某海上航道的交通流数据进行图像化属性分析和聚类分析。利用图形化属性分析一维属性的统计和二维属性的关联信息,聚类分析得出了四维属性的分析结果,进而得出了船舶吨位、船型、时间段和船舶交通流量之间的关系,通过对交通流挖掘的特征信息,为水上交通的监管部门制定有效的通航方案,保障航道交通的通畅和安全起到了积极的作用。

4.2　多源水上交通信息融合技术

4.2.1　多源信息融合技术

“信息融合”这个概念最早在 20 世纪 70 年代出现在一些文献中,初期是美国为了军事需求,将 C3I(Command,Control,Communication and Intelligence)军事系统中的数据进行多源相关性融合,并将其作为国防重点开发项目,此后迅速发展成为一门独立学科。信息融合概念的基本原则与出发点是:充分利用多种信息源,并根据特定标准把多个信息源在空间或时间上的冗余或互补信息进行组合,来得到对被测对象的一致性解释或者描述,使得该信息系统相对于由其包含的各个子集构成的系统具有更好的性能。信息融合一般分为 4 个阶段,分别是:信息源收集整理阶段、信息源处理阶段、分析决策阶段和融合结论输出阶段。

信息融合是现代信息技术与多学科交叉、综合、延拓产生的新的系统科学研究方向,随着微电子技术、信号检测与处理技术、计算机技术、网络通信技术以及控制技术的飞速发展,各种面向复杂应用背景的多传感器系统大量涌现。

根据处理信息源所在的层次,信息融合可分为数据层融合、特征层融合和决策层融合。其中,数据是指每个区段传感器采集的测量数据。特征是指分析和转换后的数据结果和知识。决策是指观察目标的结论。

数据层融合,即将原始数据的直接融合。其输入是由多个传感器提供的各种类型的原始数据;其输出是特征提取或者局部决策的结果。数据层融合的优点是:可以从其他融合层中没有的原始数据中提取更多细节。缺点是:较繁重的计算负担、较差的实时性能以及需要良好的容错能力来处理传感器数据本身的不稳定性和不确定性,且仅适用于同类传感器的原始数据融合。数据层融合框图如图 4.3 所示。

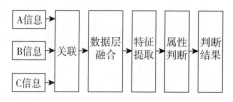

图 4.3　数据层融合框图

特征层融合：提取数据源的特征信息，进行分析和处理，保留足够的重要信息，为后期决策分析提供支持。特征层融合的优点是：提取原始数据信息特征后，减少了待处理的数据量，提高了实时性。特征层融合框图如图 4.4 所示。

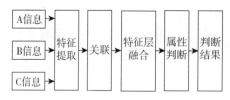

图 4.4　特征层融合框图

决策层融合：作为一种高层次融合，具有高灵活性、强抗干扰性、良好的容错性和较小的通信带宽要求。首先，对传感器测量数据进行预处理，获得研究对象的初步决策；然后，所有局部决策结果在某种规则下进行组合，以获得最终的联合决策结果。因此，决策层融合需要压缩传感器测量数据。这不仅具有高处理成本，而且还会丢失大量细节信息。决策层融合框图如图4.5 所示。

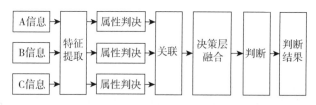

图 4.5　决策层融合框图

这 3 种不同层次的信息融合各有其优点、缺点和适用范围。假设各个传感器数据相互匹配（例如，2 个传感器测量相同的物理特性），测量的传感器数据即可直接在数据层中融合。当各个传感器数据相互不匹配时，则需要根据特定情况来判断是采取特征层融合还是决策层融合。通常，通过融合原始数据来获得特征，再使用特征的融合来做出判断决策。无论是数据层融合、特征层融合还是决策层融合，都需要将相关的信息进行关联和配准，区别在于数据的相关性和相互匹配的顺序是不一样的。理论上，数据层融合的优点是可以保留大量的原始数据，来为目标提供尽可能精细的信息，并获得尽可能准确的融合效果。决策层融合较少依赖于传感器。对于特定用途，判断采用哪个级别的融合集成是系统工程问题，应该全面考虑所处的环境、计算资源、信息来源特征等因素的综合影响。

4.2.2　多源数据融合方法

多源信息融合可以看成是一种形式框架,其过程是用数学方法和技术工具综合不同源信息,目的是得到高品质的有用信息。与单一信源独立处理相比,信息融合具有更多的优势。多源数据融合亦是如此。

4.2.2.1　融合模型

数据融合的初始模型分为:像素级融合、特征级融合和决策级融合,后来又被扩展成目标提炼、态势分析、威胁估计和过程精炼等。四级融合模型通过动态监视融合处理过程,优化资源和传感器管理,实时反馈融合结果信息,以使融合处理过程具有自适应性,从而达到最佳融合效果。融合方法的研究是数据融合的重要研究内容之一,与三级融合模型相对应的融合方法有:像素融合方法,主要有加权平均法、选举决策法、卡尔曼滤波法、数理统计法等;特征级融合方法,主要有卡尔曼滤波法、模糊推理法、神经网络法、产生式规则法等;决策级融合方法,主要有贝叶斯概率推理法等。在实际应用中,所有的融合方法都必须面临着处理各种不确定信息的问题。数据融合的一般功能模型对于设计融合系统结构,以及有效利用多传感器信息具有重要的指导意义。目前,最新的数据融合功能模型,是在美国 JDL 数据融合功能模型基础上的改进。

该功能模型将数据融合分为 5 层。第零层——亚目标数据评估:以像素或信号级上的数据关联和特征描述为基础,对具有可观测状态的信号、目标的估计和预测。第一层——目标估计:根据从观测到跟踪所建立的关系进行实体状态估计和预测,包括连续状态估计(如运动状态)和离散状态估计(如目标类型和身份)。第二层——态势评估:实体之间相互关系的估计与预测,包括火力结构与火力交叉关系、通信交互和人们之间的直接交互情况、战场周围环境等因素。第三层——冲击性评估:对参与者制订的计划或预测行动结果的估计和预测,主要包括多个参与者行动计划间的相互影响(如估计出弱点以预测对某一计划制订者的威胁动作)。第四层——过程改进:它是一个资源管理成分,支持任务的自适应数据获取和处理。从处理对象的层次上看,第零层属于低级融合,它是经典检测理论的直接发展,是近十几年才开始的研究领域,目前绝大多数多传感器数据融合系统还不存在这一级,仍然保持集中式检测,而不是分布式检测,但分布式检测是未来的发展方向。第一层和第二层属于中间层次,是最重要的 2 个级,它们是进行威胁估计的前提和基础。实际上,融合本身发生在前 2 个层上,而态势评估和威胁估计只是在某种意义上与融合具有相似的含义。

4.2.2.2　融合算法

多源数据融合涉及多方面的理论和技术,并没有完全统一的算法能够适应所有的场景,所以在应用上,需要针对不同的应用背景选择相应的算法。按算法概念分类,主要分为物理模型类、基于参数类和基于认识模型类,如图4.6所示。

(1)物理模型类

此类算法是根据物理模型直接计算实体特征。预测一个实体特征的物理模型必须以被识

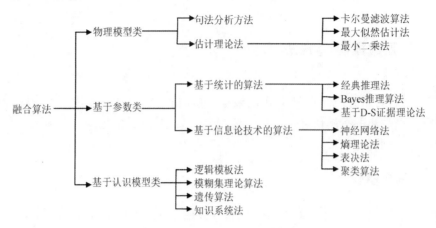

图 4.6 融合算法的概念性分类

别物体的物理特征为基础,而实际物理模型往往相当复杂,建立起来非常困难。尽管实际中很少使用这种方法,但在基础研究工作中却需要使用它。句法分析方法和估计理论法属于物理模型算法中的典型。句法分析方法开发了物理对象的语法和句法,而物理对象说明是分别从传感器数据分量(或原始信息)获得的,因此能对来自这个假定的结构关系的一个对象的表示进行汇集。估计理论法包括卡尔曼滤波算法、最大似然估计法及最小二乘法等。

(2)基于参数类

基于参数类的算法是最常见,也是应用最广、研究最深入的一类算法。此类算法寻求一个标识说明且使之依赖于参数数据,在参数数据和一个标识说明间建立一个直接的映像。此类算法可进一步分为基于统计的算法和基于信息论技术的算法。其中,基于统计的算法主要包括经典推理法、Bayes 推理算法、基于 D-S 证据理论法等。在某些场合,多传感器数据融合目标识别并不需要用统计的方法直接模拟观测数据的随机形式,而是依赖于观测参数与目标身份之间的映射关系来对目标进行识别。基于信息论技术的算法包括神经网络法、熵理论法、表决法和聚类算法等。

(3)基于认识模型类

基于认识模型类的算法主要包括逻辑模板法、模糊集理论算法、遗传算法及知识系统法等。逻辑模板法实质上是一种匹配识别的方法。它将系统的一个预先确定的模式与观测数据进行匹配,确定条件是否满足,从而进行推理。预先确定的模式中可以包含逻辑条件、模糊概念、观测数据以及用来定义一个模式的逻辑关系中的不确定性等。因此,逻辑模板法实质上是一种表示与逻辑关系进行匹配的综合参数模式方法。决策模板法作为逻辑模板法的一类,是一种简单直观的决策层融合目标识别算法。经典的决策模板法没有充分利用各传感器对于不同类目标鉴别能力的先验信息,而改进的决策模板法利用传感器平均度量熵对决策模板法进行修正,合理度量多个传感器对不同类目标的分类鉴别能力。仿真结果表明,改进的决策模板法能提高目标正确识别率。经典的决策模板法不能反映传感器对于不同类目标的分类鉴别能力,不能适应待识别目标特征矢量起伏变化,同时没有保留训练样本全部信息等缺陷,而基于熵和 K 近邻方法的修正决策模板法,使得多传感器融合目标识别的性能得到很大的改善。

4.2.3　多元信息融合技术应用

4.2.3.1　水上交通安全预警

为保障船舶航行安全,国内外不少学者通过建立船舶事故数据库分析事故原因,从而建立相应的风险控制措施。为此,在事故原因的基础上,有学者试图通过建立水上交通安全预警模型来提前预知水上交通风险。水上交通事故的发生是受到多重因素(风、流、能见度、船舶、其他外部环境)影响的结果,而多源信息融合技术,通过将不完整的多源信息加以综合集成,形成对水上交通安全相对完整的感知与描述。

水上交通安全单个预警信息包括水文、气象、船舶尺度、船舶交通流信息。水文、气象信息采集目前相对较为成熟,且在长江已经建立了相应的信息传感器,而对于船舶尺度和船舶交通流信息采集,也取得了一定的成果。

(1)船舶尺度采集。航运船舶通常为不规则形状的几何体,必须选测多个规定点的几何距离,计算出船体的若干个近似截面积,再结合船舶的航行速度才能计算出船舶的近似容积。因此,必须采用合适的非接触式测距技术,构造一个多传感器系统,测出船舶的相关几何距离。

(2)船舶交通流信息采集。通过比较多种交通流信息采集手段的优缺点,多源信息融合的长江在航船舶交通流状态信息采集系统三层构架被提出来,其中由 IC 卡(Integrated Circuit Card)子系统、GPS(Global Positioning System)子系统、CCTV(Closed Circuit Television)子系统、雷达子系统、AIS(Automatic Identification System)子系统、RFID(Radio Frequency Identification)子系统以及激光扫描(Laser Scanning)子系统组成信息采集层,依托现有的长江航运信息网络与公共通信网络设施组成信息传输层,由交通流数据库、电子航道图以及信息处理系统组成信息处理层。

船舶通过桥梁通航风险,主要受到外部通航环境、桥梁尺度和船舶尺度因素影响。基于多功能航标的信息采集方法可以用来采集船舶的外部通航环境信息。目前,内河航标配备间距为1 km 左右,在该航段内的水文、气象信息相对稳定,可以为船舶通过桥区的外部通航环境提供信息来源。船舶尺度主要包括船舶的长度和宽度。考虑到需要提前获取船舶尺度信息从而实现桥梁主动预警,选取毫米波雷达作为船舶尺度的采集传感器,将毫米波雷达安装在桥梁上,并通过返回的图像信息可获取船舶尺度信息。

船撞桥多源预警模型的建立步骤如下:

(1)在多源船撞桥预警信息收集与预处理基础上,构造完整的、相互独立的船撞桥多源预警指标体系;

(2)利用多源信息融合技术,建立船撞桥多源预警信息处理的 Bayes 推理算法、神经网络法、无监督学习模式分类法、基于 D-S 证据理论法和模糊集理论算法等;

(3)建立基于多源信息融合技术的船撞桥多源预警模型库。

在上述多源信息融合方法中,采用模糊集理论算法实现外部通航环境的信息融合,建立船撞桥通多源预警指标体系,如图 4.7 所示。

上述通过将风速传感器采集的风速信息、流速传感器采集的流速信息、能见度采集的能见度信息、毫米波雷达采集的船舶尺度信息和桥梁自身的相关信息进行融合,建立基于多源信息融合技术的船撞桥预警系统,如图 4.8 所示。

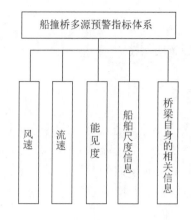

图 4.7　船撞桥多源预警指标体系

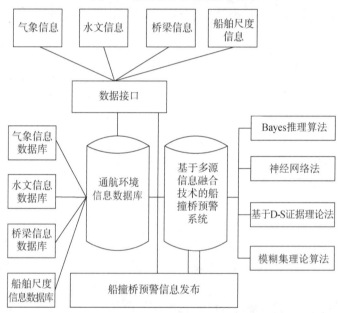

图 4.8　基于多源信息融合技术的船撞桥预警系统

4.2.3.2　VTS 系统中 AIS 与雷达信息融合

　　VTS 系统是 IMO 提出的、由各国主管当局(我国为中华人民共和国海事局)设置的对船舶实施交通管制并提供助航咨询服务的交互式系统,是国际公认的用于保障船舶安全和水域环境清洁的重要措施。从设备组成来看,VTS 系统是一种由雷达、AIS、CCTV、VHF 通信设备等子系统组成的,对在船舶定线制内的船舶实施监控、协调,并给这些船舶提供航行中所需的安全信息的交通管理系统。VTS 系统具有如下 3 大功能:信息服务、助航服务和交通组织服务。

　　雷达是用于交通监视及船舶实时动态数据采集的主要工具之一,也是 VTS 系统的重要组成部分。雷达的主要任务包括目标检测与录取、目标跟踪、运动参数计算和危险局面判断等。此外,船舶在进出航道、狭水道、交通密集区时也需要雷达的辅助。

　　AIS 是一种信号加载在甚高频波段的船舶(或飞行器)广播式应答器系统,能够向安装适当设备的海岸、船舶、水上设施及航空设备等自动播发本船的识别信息、动态信息及其他与航行安全相关的信息;能够从装配类似设备的船舶上自动收取此类信息,协助海事主管机关动态跟踪监视船舶,显示和交换信息数据等。

　　雷达和 AIS 都存在一定的缺陷。雷达的缺陷:雷达存在盲区,导致有部分水域的情况无法获得;遇到其他障碍物的阻挡,可能丢失预定的目标;测量的信息有很大的误差,精度不高;非常容易受到杂波的影响。AIS 的缺陷:只能被动地接收信息却不能单纯地发射信息;当部分船舶没有安装 AIS 信息时,无法通过本船的 AIS 设备获得目标的信息;捕获的信息成像后只是显示的一个点,而不能像雷达一样全真反映物标的形状大小信息。雷达与 AIS 各有缺陷,但同时也存在一定的互补性,如图 4.9 所示。

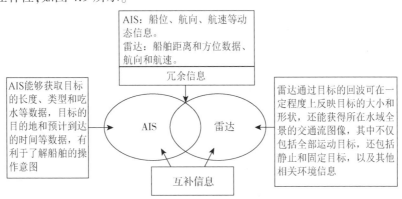

图 4.9　AIS 与雷达对比图

　　按照《SOLAS 公约》的要求,从事远洋货物运输的现代化船舶至少应配备 1 台 ECDIS 和 2 台带 ARPA 功能的雷达。在一些特殊情况下,如天气和海况恶劣、交通密集度大等时,船舶需要同时开启 2 台雷达。由于雷达的类型、天线在甲板上的位置不同,以及本船与目标船的相对位置关系,ECDIS 上就会出现对同一船舶的 2 个不同回波显示。再加上 AIS 和雷达本身就是两种不同类型的传感器,其各自获取的信息类型、误差大小也不尽相同。如果 AIS 信息与雷达/ARPA 信息在时空分布上是同步的且数据本身没有误差或误差较小,则由两种信息获得的船位和历史航迹也会是重合的;但如果上述两种数据在时空分布上无法保持同步,则使得来自同一目标船的 AIS 信息和雷达信息标签不能保持一致,从而两种信息获得的船舶航迹和船位信息也不能重合。如果 AIS 数据与雷达数据的时间不同步,显示器上就可能会出现同一条船的 3 个不同位置、速度和航向信息。这可能会引起船舶驾驶人员和 VTS 系统管理人员的误操作或误报告,导致碰撞事故的发生。因此,在信息显示前,需要对不同来源的数据进行融合处理,对冗余数据和非精确数据进行过滤。

　　对于同一艘目标船,雷达与 AIS 获取的信息类型与显示方式各不相同。带有 ARPA 功能的雷达可获取目标船相对于本船的 DCPA(Distance to the Closest Point of Approach)、TCPA(Time to the Closest Point of Approach)、距离 R、方位 θ,并以雷达回波的形式显示到电子屏上。AIS 则是以数据的形式获取来船的船位、航速、航向等。这样的缺点一方面是会增大 VTS 管理员的工作量,另一方面会因为数据精度不同引起混乱。因此,雷达与 AIS 的数据融合处理并显示到同一个终端上非常必要。多源数据融合的步骤如图 4.10 所示。

　　(1)针对同一艘目标船,雷达获得其 DCPA、TCPA、距离 R 和方位 θ;AIS 获得船位、航速、航向等。

　　(2)将数据送入处理器之前,对两种设备获取的数据按照时间同步处理,并进行格式统一。

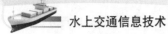

（3）将雷达回波显示的目标船航迹与 AIS 解析的目标船航迹进行关联,找出属于同一艘船舶的 AIS 航迹和雷达航迹。

（4）把关联后的航迹数据以适用的算法准则进行归一化处理,实现 2 种信息的缺失互补,滤除冗余数据和失真数据,最终实现提高数据精度和数据质量。

（5）将融合后的信息在 ECDIS 终端进行显示,并支持后台调取与回放。

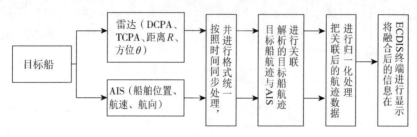

图 4.10　多源数据融合的步骤

第5章
水上智能交通新技术

5.1 船舶交通管理系统（VTS）研究及其应用

几个世纪以来,船舶运输一直是进行世界贸易的主要运输手段。保障船舶安全、提高航行效率是船舶运输基本的要求。为此,各国在各自的沿海水域设置了助航设施。

早期的助航设施包括浮标和灯标。随着无线电技术的进步,后来又陆续出现了无线电信标、雷达信标等无线电助航设备。随着航运的迅速发展,船舶数量与吨位不断攀升,船速也日益加快,这对船舶航行的安全与高效性提出了更高要求。为应对这一挑战,出现了诸多被动的船舶管理技术,如分道通航制、禁航区与预警区的设立、单向航行系统的采用,以及其他定线航行措施和船速限制等。这些技术在沿海水域对提升航行安全发挥了显著作用。然而,在进港水域及狭窄航道中,船舶密集、交通拥堵,不仅影响了航运效率,延长了船舶运输时间,还增加了事故发生的风险,进而可能导致更严重的人员、财产损失和环境污染。

解决这些问题的有效途径是建立一个具备监视水域中船舶运动并能为船舶提供信息、建议和指示的系统。它能与船舶相互作用并能有效控制船舶交通流,从而获得最大的港口营运效益,同时使船舶交通事故和环境污染的风险降至最低。这种与船舶相互作用的管理(服务)系统称为船舶交通管理(服务)系统,简称 VTS(Vessel Traffic Services)。其从字面直译及 IMO 的定义上应该为船舶交通服务,但在中国由于 VTS 由海事局运行管理,从而被赋予了更多的管理职能,因此被称为船舶交通管理系统。

《VTS 指南》对 VTS 的定义是,VTS 是由主管机关实施的,用于提高船舶交通安全和效率及保护环境的服务。在 VTS 覆盖水域内,这种服务应能与交通相互作用并对交通形势变化做出反应。由此定义可知,VTS 不是指用交通法规等措施对船舶交通进行静态管理的方面,而是指用交通信息进行交通控制从而对船舶交通动态管理的方面;它不是指用航标、视觉信号和无线电信标等设施及巡逻船等传统手段进行交通控制的部分,而是指用先进的信息系统和现代的管理方法与交通相互作用并对交通变化做出反应的部分。

VTS 是政府实行行业管理、履行公共服务、维护公共安全职能的重要手段,中华人民共和国海事局作为主管机关通过 VTS 对水上交通实施监督管理、代表国家履行国际公约和维护国家权益、承担国际义务以展示负责任的大国形象。

5.1.1　VTS 发展简史

几个世纪以来,海运已成为全球贸易的主要运输手段之一。为提高海运的安全和效率,世界各国都在其沿海水域和周围岛礁提供了航标。最早的航标是岸边的灯塔、灯标以及后来的浮标。多年以后,航标拥有了更远的视程和射程并增加了声音信号。

第二次世界大战结束后,人们发现声光航标在视线不良及高通航密度条件下无法满足船舶通航要求。这导致了船舶交通的延误,进而严重影响了港口的运作以及其他运输方式。随着雷达技术的不断发展,海事专家逐渐认识到岸基雷达与船岸通信手段相结合能够显著提升港口和航道的安全与效率。因此,1948 年,Cossor 雷达公司在马恩岛的道格拉斯市建成了首个应用岸基雷达的港口监控站。同年稍后,利物浦港和鹿特丹港也相继建立了雷达站。到了 20 世纪 50 年代,欧洲其他国家的多个港口也陆续建立了一系列岸基雷达链,其中,1952 年阿姆斯特丹港航道实现了雷达覆盖,1956 年鹿特丹港的全部港区也完成了雷达覆盖。

国际航运发展以及现代科技发展极大地推动了 VTS 的发展。VTS 从以提高视线不良时的航行为目的的简易雷达和无线通信系统,发展到以提高航行安全和效率、保护海洋环境为目的的利用多种传感器的现代化系统。

20 世纪六七十年代,众多航运灾难使公众强烈地认识到船舶事故对环境造成的损害,公众对于海洋环境保护的呼声促使当局采取措施提高航运安全,于是雷达监视和船舶交通管理的应用得到进一步扩展。一般认为,世界 VTS 发展经历了 3 代:

第一代系统(20 世纪 50 年代以前):主要在于提高船舶航运效率。其管理水域仅限于港口及运河、江河狭窄航道。其主要技术特征是简单的光、声、电、机械信号系统及无线电报和电话的通信联系。

第二代系统(20 世纪 50 年代—20 世纪 80 年代):在提高船舶航运效率的同时,着重于保障船舶航行安全。其管理水域从港口延伸到外海或覆盖整个河川航道至入海口。其主要技术特征是雷达加 VHF(甚高频)无线电话,雷达居主导地位。

第三代系统(20 世纪 80 年代至今):除了保障船舶航行安全、提高船舶航运效率之外,力求减小对水域环境造成的损害,因而对交通信息采集与处理的实时性、准确性和完整性等要求增强,对船舶管理的强制程度增加。其管理水域由港口、河川扩展到沿海。其主要技术特征是以计算机为中心的多种信息采集与处理技术的综合,计算机居主导地位。

随着航运市场的迅猛发展以及各国政府对 VTS 重要性的认识加强,VTS 在世界范围内得以迅速发展,现在全世界有超过 500 个 VTS 系统在运行。有些内河航运发达国家,出于和海上VTS 完全相同的目的,在其内陆水域也建立了 VTS 系统。根据 VTS 管辖水域,VTS 通常被分为沿海型、港口/海港型、江河型。

我国进行 VTS 研究的时间很早。1958 年,我国首次在大连港进行了岸基雷达导航试验,与世界第一个建立的装备雷达的 VTS 相隔 10 年。但 VTS 建设真正开展是在 20 年后的 1978 年,即中国东部沿海的宁波港开始建设第一个 VTS。我国 VTS 建设经历了 4 个阶段:

准备阶段:1970 年后,主管部门、院校及科研院所通过现场实验、邀请国外专家讲学以及进行建设方案论证等对 VTS 建设进行探讨,为中国 VTS 的建设奠定了基础。

初级阶段:20 世纪 80 年代,通过国家重点港口建设项目配套建设和专门计划投资建设的 2 种方式,先后建成了宁波、秦皇岛、青岛、大连、连云港 5 个 VTS。

初步发展阶段:20 世纪 90 年代新建了沿海成山角、天津等 10 个港口和水道 VTS 及长江下游南京等 4 个 VTS;对大连、秦皇岛、青岛、宁波的 VTS 进行了更新或扩建。至此,中国沿海(含香港地区)和内河共有 20 个 VTS,由 16 个 VTS 中心、49 个雷达站组成,覆盖了沿海港口大部分重要水域和长江干线下游的重要航段。

全面发展阶段:2000 年后,随着我国经济财政收入增加及《国家水上交通安全监管和救助系统布局规划》的实施,我国 VTS 建设进入爆发阶段,新建、改扩建系统 20 个,雷达站超过 100 个。

截至 2025 年 1 月,我国沿海和长江干线已建成或即将建成 63 个 VTS 中心、349 个雷达站。沿海重要水域和主要港口基本实现了雷达链状覆盖,长江干线航段基本实现全方位安全监管。

多年来,针对 VTS 系统开展了一系列的研究和信息化建设,智能 VTS 的主要建设目标是努力构建智能 VTS 建设总体框架模式,包括构建 VTS 数据中心及相关 VTS 应用平台,比如智能监管平台、智能服务平台等。VTS 数据交换中心应实现 VTS 数据格式标准的统一和数据安全互联。近年来,为适应全球安全、效率和环境保护的要求,国家加快推进"互联网+政务服务"部署。VTS 的智能化发展要求也更加迫切。信息化、网络化推动了航海智能化的兴起;智能化理论和技术的发展,也催生了智能航运、智能港口、智能监管等概念。智能 VTS 便是在这种背景下产生的新理念。智能 VTS 的应用能够积极应对经济社会发展新常态和新要求,为地区经济建设和航运市场发展提供了保障,也为推动形成全面开放新格局和建设交通强国提供了有力支撑。

5.1.2 水上交通管理系统的雷达信号处理技术

目前,较成熟的水上交通管理系统主要由数据库、VHF 通信子系统、雷达系统、环境子系统、信息传输模块、雷达数据处理模块等组成。水上交通管理系统原理图如图 5.1 所示。

5.1.2.1 水上交通管理系统采集的信息种类

水上交通管理系统通过信息采集和通信系统,向海域内船舶提供多种服务。其采集的信息主要包括以下 2 种:

(1)海域交通信息

海域交通信息主要是指海域内船舶的实时航运状态信息,包括船位信息、船舶物流信息和人员配置信息等。根据这些信息以及船舶航运规划,可以制定合理的进港、装卸货物时间。

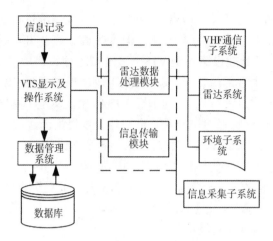

图 5.1　水上交通管理系统原理图

（2）环境信息

环境信息包含水文数据、港口气象数据、航道信息、潮汐数据等，是水上交通管理系统进行海上船舶管理的重要依据。

5.1.2.2　水上交通管理系统提供的服务种类

水上交通管理系统为水域中的船舶提供的服务包括导航服务、信息服务和船舶管理服务，分别如下：

（1）导航服务

水上交通管理系统为海域内船舶提供较准确的航行决策，并根据船舶实际航行路线进行导航服务信息的更新。这一功能对于船舶的航行安全性有重要的作用，特别是在一些恶劣气象条件下，船舶驾驶人员视线模糊，必须要借助水上交通管理系统进行导航。

（2）信息服务

水上交通管理系统可以通过 VHF、无线网络、雷达等通信形式，向海域内船舶发送各类信息，比如海域的航线数据、交通状况、气象条件、港口交通流信息等。这些信息对于船舶的航行效率、安全性有重要的作用。

（3）船舶管理服务

船舶管理服务是指水上交通管理系统进行海域内船舶的统一规划和管理，处理航线上发生的突发状况。比如，航线上的一艘舰船搁浅，水上交通管理系统就能通过分析其他船只的航行线路，管理和组织其他船只绕行，确保整个海域内交通的高效性。

5.1.2.3　水上交通管理系统的雷达信号处理系统总体设计

雷达系统是水上交通管理系统的关键组成部分，雷达信号的处理能力也直接影响该系统的交通管理水平。本节在设计水上交通管理系统的雷达信号处理模块时，主要考虑了水上交通管理系统的雷达信号数据量、信号处理的运算速度、信号处理模块的安全性、模块内雷达信号的数据传输等。综合考虑水上交通管理系统的雷达信号特性，本节设计了一种基于 DSP 的水上交通管理系统的雷达信号处理模块。基于 DSP 的水上交通管理系统雷达信号处理模块如图 5.2 所示。

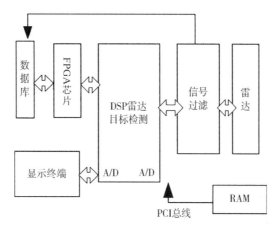

图 5.2　基于 DSP 的水上交通管理系统雷达信号处理模块

水上交通管理系统的雷达信号处理模块,采用的关键技术包括 DSP 通信接口技术、数据传输技术和数据存储技术。

(1)DSP 通信接口技术

DSP 是雷达信号处理模块的核心,本节所介绍的 DSP 芯片为 TMS320C64 系列。该系列 DSP 芯片不仅具备强大的信号处理能力,同时具备高效的数据传输能力。在系统中,DSP 不仅要读取雷达采集单元的信号,还要将读取的雷达数据传输至 VTS 的计算机终端。本节所介绍的 DSP 通信接口包括 2 种,一种为 DSP 与 FPGA 芯片的通信接口,采用串口通信;另一种为 DSP 与计算机的通信接口,采用 PCI 总线通信。

(2)数据传输技术

在雷达信号处理模块中,采用的数据传输技术以数据总线和无线局域网络为主,本节介绍的 TMS320C64 系列芯片可支持 CAN 现场总线、PCI 总线等,雷达数据传输速度可达 2 MB/s,满足系统对于信号传输速度的要求。

(3)数据存储技术

水上交通管理系统不仅需要对雷达信号进行高效的处理,而且需要对雷达数据进行存储和管理,以备后期进行数据溯源和调用。SDRAM 的数据存储速度快,存储容量可无限扩容,且具有较好的成本优势。因此,本节进行 DSP 选型时,采用了具备高性能 SDRAM 模块的 TMS320C64 芯片。

5.1.2.4　水上交通管理系统的雷达信号处理

水上交通管理系统采集的雷达信号需要经过 A/D 转换、信号数字化、信号滤波、信号后处理等流程才能完成雷达信号的处理。水上交通管理系统的雷达信号处理过程如图 5.3 所示。

(1)A/D 转换

水上交通管理系统雷达采集的信号为模拟信号,必须要进行数模转换才能被 DSP 的芯片

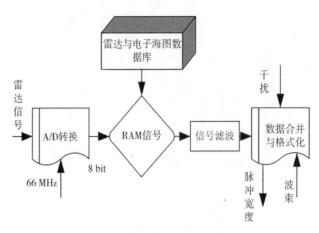

图 5.3　水上交通管理系统的雷达信号处理过程

识别。雷达信号首先进行脉冲采样,然后在 A/D 转换器中完成信号转换。通常,在一个雷达天线扫描周期内,需要采集的信号点为 4 000 个以上,只有这样才能保证被测目标的信息不会漏失。

（2）信号滤波和噪声屏蔽

水上交通管理系统雷达采集的信号中含有大量的杂波信号,为了提高雷达信号的处理精确度,必须要进行信号滤波和噪声屏蔽。雷达信号的滤波包括 STC 处理、窗函数过滤等。雷达信号滤波器和噪声屏蔽装置示意图如图 5.4 所示。

图 5.4　雷达信号滤波器和噪声屏蔽装置示意图

5.1.3　VTS 应用

5.1.3.1　利用水文、气象数据实施 VTS 通航管理

VTS 中所存在的水文、气象子系统不仅可以对港口的水文、气象数据进行实时的收集,还能够对周边水域上航道的水文数据进行收集。收集的数据主要包括了以下几个方面:风速、风向、温度、湿度、雨量、气压、能见度和潮汐等数据,并且水文、气象子系统还能够对收集到的数据自

动进行分析,将分析结果以图表以及曲线变化的可视化图形展现出来。通过水文、气象设备的功能能够帮助航道管理完成以下几个方面的工作:

(1)利用港口航道的实际需求,来对航道能见度以及风速设计至少2级警报。一旦风速或者航道能见度超过了设定的警报界限(报告线),系统警报就会自动以提醒的方式来告知值班管理人员。值班人员通过警报的数据来分析是否需要提醒进出港船舶当前风力以及视线阻挡对其航行的影响。如果风力过大或者能见度已经远远低于安全航行的标准,则应将港口暂时封闭,所有的船舶都禁止开出港口,以此来保障船舶航行的安全。

(2)利用系统对潮汐所采集的精确数据,来对水域所发生的潮汐变化进行分析,通过这一方式能够对航道目前的实际水深进行判断,通过确切的数据来对船舶航行航道进行安排。除此之外,充分利用已经采集到的潮汐数据,使用科学合理的计算方法,对未来一定时间段内的潮汐数据进行推测,能够保证进出港口船舶的安全,有利于进出港安全管理工作的开展。

(3)利用系统的存储功能,实时保存航道的水文、气象资料,可为海事处理提供当时的水文、气象资料。

5.1.3.2 航道内船舶航行信息的应用

在对港口航道进行交通管理的过程中,如果能够将航道上所有船舶航行的信息实时提供给当地港航管理部门,便能够帮助当地港航管理部门掌握航道上船舶的实时动态,方便其对相关的生产工作进行安排。所以,利用VTS中存在的信息管理子系统,不仅能够将航道上实时动态的航行信息自动分析并且统计成为航行报告,而且可以将所有船舶航行信息以表格的方式来提供给相关的港航管理部门。这一过程中实现的方式主要如下:

(1)使用VTS上过报告线就进行自动监控、记录的功能,并在航道上设置大量的报告线,便能够帮助系统对船舶经过报告线的时间等进行记录。

(2)信息经过转换之后,便能够形成船舶航行时刻表,并将所有的信息进行统计。

(3)利用网络或者其他传播方式,将船舶航行信息提供给相关的港航管理部门,帮助其做出相关工作决定。

5.1.3.3 航道船舶的交通组织

航道船舶的交通组织旨在防止航道内危险情况产生和保证船舶交通安全和高效航行,利用VTS的船舶安全监控和计算测量功能,通过对航道数据及航道转向点和关键点的设定,可以对船舶在航道内的安全航行进行监控,并通过对船舶ETA的测算,合理安排船舶进出港,实现航道船舶的交通组织。

(1)航道的选定

VTS可将船舶进出港所经过的一段航道或多段航道按顺序一次性指定给一个特定船舶。可以在船舶进入航道之前指定,也可在进入航道后再指定。船舶选定航道后,就可以利用VTS的相关测量功能对船舶交通进行预测和组织。

(2)单艘船舶的交通组织

当船舶进入指定的一段或多段航道后,可根据船舶的速度测算经过各关键点或转向点的时间,也可根据过关键点或转向点的时间设定来反推船舶的航速。

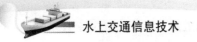

（3）多艘船舶的交通组织

当多艘船舶均选定某一航道时，可测算每艘船舶经过某个关键点或转向点的时间，也可根据过某个关键点或转向点的时间要求不同来反推每艘船舶的航速。

（4）航道内2艘船舶的会遇

利用对航行于航道内的2艘船舶进行DCPA和TCPA测算，合理要求和安排船舶交会位置。比如，可根据航道数据和船舶航速来进行测算，并通过图形直观显示DCPA和TCPA及两船舶的位置。若所示位置不适合交会或严禁交会，可重新设定船舶的航速，再进行测算，如此反复，进而确定船舶合理的交会位置，然后通知船舶按照所测定的航速进行航行。

5.1.3.4　航道内船舶的监控

航道内船舶的监控，能够确保船舶航行安全，是加强航道交通管理的重点，也是建设VTS的主要目的。船舶在航行过程中出现的异常不能及时发现和排除，将直接导致堵塞航道，严重影响港口的安全生产。因此，加大对航道内船舶的监控尤为重要。为此，可利用VTS系统的监控功能对航道内船舶的航行实施有效监控，确保航道的安全畅通。具体的监控功能如下：

（1）航道矛盾。当一艘船舶正在一个双向航道的错误方向上航行时将会发出警报。

（2）道内航速过低。若航道内船舶航速低于所在航道的最低限速时将会发出警报。

（3）航道内超速。当船舶的航速超出了所在航道的最高限速时将会发出警报。

（4）航道航向偏差。当船舶正在偏离该航道允许的航向时将会发出警报。

（5）偏离航道。当船舶偏离航道时将会发出警报。

（6）跟随警报。航道内同向航行的船舶之间距离小于设定的数值时将会发出警报。

（7）横穿航道。未向VTS中心报告的船舶有横穿航道的趋势时，系统可用不同的背景颜色（如红色）将横穿航道的船舶视频进行突出显示，以引起值班人员的注意。此功能并不局限对横穿航道的船舶监控，还可以运用到所有值班人员认为是重点或有一定安全隐患的船舶上。这些船舶均可通过增加不同的背景颜色来加以提示。此外，航行于航道内的船舶与横穿航道的船舶之间的距离小于设定的距离值时将会发出警报。

（8）船舶误航。船舶误航是指进港船舶因为对航道不熟悉而未能选择正确的航道航行，或由于对航道转向点处的水深不了解，该转向时未能及时转向或已偏离转向点而又强行转向将会发生船舶搁浅事故等的船舶行为。船舶在发生误航时，若不能及时采取措施，将会形成与其他船舶的紧迫局面或发生搁浅等事故。因此，及时发现船舶误航尤为重要。要做到这一点，可以利用VTS系统采取以下措施以预防船舶发生误航：

①根据航道的地理位置对航道进行合理分段，并进行编号。

②在船舶进港时，可事先将船舶到达泊位应经过的航道段按顺序一次性指定给所要跟踪监控的船舶。这样，当船舶进入航道后，系统将会根据事先指定的航道顺序对船舶实际进出航道的秩序进行监控，一旦船舶离开前一段航道，而紧接着进入的航道不是指定的顺序航道，系统将会及时发出警报，提醒值班人员进行判断，以便及早采取措施予以纠正。

③可根据港口航道的实际设计情况，在重要的转向点、关键点或报告点处设置报告线，设定提前报警时间值。一旦船舶在预设的时间内将要达到预设位置时，系统将会发出警报，提醒值班员加以关注，并可根据实际情况，对相关船舶进行提醒，从而避免船舶发生误航。

5.1.3.5　航道浮标的监管

航道的助航设施主要为航标,是以特定的标志、光、声或无线电信号等供船舶确定船位、航向、避离危险,使船舶沿航道或预定的航线安全航行,提高船舶周转率的助航设施。它分为固定航标和水上浮动航标,水上浮动航标主要为灯船和浮标。利用 VTS 系统的监控功能,可以实现对水上浮动航标的安全监管。在 VTS 区域内,根据每个浮标的报警准则监测收到的监视数据,如果一个浮标违反了报警准则,会报告一个浮标警报。具体如下:

(1)新目标(浮标)捕获。在浮标设定的监视区域内第一次探测到一个浮标目标,并通过报警进行确认。

(2)浮标位置偏离。一个浮标目标在浮标警戒区域之外被探测到,但还处于浮标监视区域内,将发出浮标偏离警报。

(3)浮标领域监控。在浮标警戒区域内探测到有一个目标进入时,将会发出警报。利用此功能,也可以对船舶和浮标之间进行防碰撞监控。

(4)浮标丢失警报。在浮标监视区域内未探测到浮标目标时将发出浮标丢失警报。

5.2　船舶自动识别系统（AIS）研究及其应用

船舶自动识别系统(Automatic Identification System, AIS)是一种应用于船和岸、船和船之间的海事安全与通信的新型助航系统。其可以自动交换船位、航速、航向、船名、呼号等重要信息。安装在船舶上的 AIS 在向外发送这些信息的同时,同样接收 VHF(甚高频无线电)覆盖范围内其他船舶或岸台的信息,从而实现了自动应答。AIS 使船舶之间互相自动识别,能够大大提升船舶数据信息传输质量,完成目标监测等方面的工作,确保船舶航行安全。作为一种开放式数据传输系统,它可与雷达、ARPA、ECDIS、VTS 等终端设备以及数字网络实现连接,构成海上交管和监视的信息网络,是交通信息获取的有效手段,可以显著减少船舶碰撞事故的发生。

5.2.1　AIS 发展背景

20 世纪 80 年代末,水上航行船舶的速度提高极快,港口和航道的交通管制变得十分重要。尽管 IMO 和世界各国的政府主管部门采取了实施避碰规则、建立水上交通管理系统、建立进港船舶报告制度,以及强制配备各类必要的助航设备、改造和新增各类航标设施等一系列措施,但船舶的碰撞事故还是时有发生。对交通管理部门来说,避免水上事故发生的必要条件是实时动态地掌握其管辖水域内(开阔水域和限制水域)来往船舶的航行状态、船舶类型和载货情况、船名和呼号等信息,以便采取必要的措施来保证船舶的航行安全。一些国家在 20 世纪 90 年代前后开始着手研究一种能够"自动获得船舶信息和航行状态"的技术。随着通信技术的发展,出现了采用自组织时分多址(TDMA)接续技术的 AIS。该系统经相关国际组织讨论,最终被 IMO 采纳,并强制 SOLAS 船舶进行装载。

AIS 是甚高频(VHF)海上移动频段采用时分多址接入技术,自动广播和接收船舶动态信息、静态信息、航次信息和安全信息,实现船舶识别、监控和通信的系统。实时准确地获取船舶航行动态信息对于水上交通研究与管理、船舶智能避碰有重要的作用。AIS 是应用于船和岸、船和船之间的海事安全与通信的新型助航系统,常由 VHF 通信机、GPS 定位仪和与船载显示器及传感器等相连接的通信控制器组成,能自动交换船位、航速、航向、船名、呼号等重要信息。装在船上的 AIS 在向外发送这些信息的同时,同样接收 VHF 覆盖范围内其他船舶的信息,从而实现了自动应答。此外,作为一种开放式数据传输系统,它可与雷达、ARPA、ECDIS、VTS 等终端设备和 Internet 实现连接,构成海上交管和监视网络,是不用雷达探测也能获得交通信息的有效手段。AIS 源自舰船和飞机的敌我识别技术。它结合 GPS 的功能,将船舶的船位、速度、航向变化率及航向等动态信息,以及船名、呼号、吃水和危险货物等静态信息,通过甚高频(VHF)频道广播给附近水域的船舶和岸台。这样,邻近的船舶和岸台就能及时获取周围海域所有船舶的动态和静态信息,从而能够迅速进行通话协调,并采取必要的避让措施。AIS 对船舶安全具有重大意义,能有效减少船舶碰撞事故的发生。

对于 VTS 而言,准确的船舶航行动态信息至关重要。它不仅是协调航道内通航船舶、管理通航水道的基础,还对水域通航状况的监管及碰撞、搁浅、触礁等事故的预警具有重大意义。同时,在船舶避碰方面,预测来船未来时刻的船位、航向、航速等动态信息,能够精确计算船舶碰撞危险程度,评估避让方案的优劣,并据此修正避让行动的幅度和方向,从而有效提升避让效果。此外,AIS 数据在海运排放清单估算、航路规划辅助决策、船舶航行动态预测、船舶非法排污监测跟踪以及船舶轨迹异常检测等多个领域也展现出广泛的应用价值。

5.2.2 AIS 组成

(1) AIS 数据构成

AIS 数据的组成主要包含以下信息,分别是:

①船舶静态数据,包含船名、呼号、MMSI、IMO、船舶类型、船长、船宽等。

②船舶动态数据,包含船位、艏向、航向、航速等。

③船舶航程数据,包含船舶状态、吃水、目的地、ETA(预计到达时间)等。

④船舶安全信息,包含有关船舶航行安全的相关信息,依照当地要求输入。

AIS 主要由船台和岸台(岸站)组成。

(2)船台

船台是一种 VHF 海上频段的船载广播式应答器。典型的 AIS 船台是由 1 台 VHF 发射机、2 台 VHF TDMA 接收机、1 台 VHF DSC 接收机、1 台带有标准的船用电子通信接口(接口类型满足要求:IED 61162/NMEA0183/200)的信息处理控制装置以及各种必要的传感器组成。船舶配备了 AIS 以后,在向外播发本船航行信息的同时还可以接收 VHF 覆盖范围以内其他船舶的航行信息以及陆地基站发送的信息。

(3)岸台

AIS 基站是 AIS 通信网的接收和发射装置,在 AIS 基站范围内实时采集所有 AIS 船台的动态、静态信息并将其发送给主基站,同时将主基站的指令发送给水域内的 AIS 船台。

一个典型的岸台由 VHF TDMA 收发机、VHF DSC 接收机、BSC(基站控制器)、网络设备、控制软件和应用软件组成。AIS 基站收发机遵从 ITU-R M.1371 建议案的《AIS 技术特性标准》,可安装在 VIS 系统中或作为 AIS 网络的核心单元。借助基站控制器,AIS 基站收发机可以相互连接,实现对海岸线近海区域及内河的覆盖。AIS 的船台和岸台(岸站)的组成关系如图 5.5 所示。

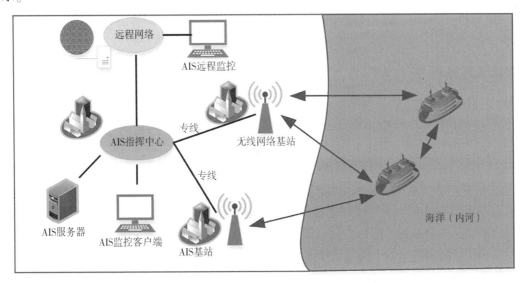

图 5.5　AIS 的船台和岸台(岸站)的组成关系

AIS 通信网络的建设将极大加速航运信息化进程。随着我国交通运输业的不断进步,企业信息化功能也在持续提升,对船舶动态实时监控的需求也日益增强。然而,当前船舶动态信息主要以报文形式传送至监控中心,导致监控中心处于被动状态,难以确保信息的准确性与真实性。但是,AIS 在船舶中的广泛应用,以及随之建立的各类 AIS 岸站,为改善这一现状提供了可能。通过这些 AIS 岸站构建的 AIS 网络,能够优化信息渠道,实现船舶航行信息的共享与发布。AIS 设备不仅能更便捷地传播各类信息,还能借助数字互联网,使控制中心能够将控制指令通过 AIS 站台迅速传达至船舶,从而提升船舶出行效率。AIS 岸站的存在,让对船舶的监督与控制变得更加便捷,为航运各领域提供了多样化的船舶信息获取手段,实现了对船舶的有效监控,进一步推动了远程船舶的发展。

总的来看,AIS 网络技术的普及使 AIS 和互联网充分结合起来,为航运各个领域提供获取船舶信息的各种手段,实现对船舶的监控,促进远程船舶乃至无人船舶的发展。

5.2.3　AIS 应用情况

5.2.3.1　AIS 对船舶避碰的影响

在航船舶通过仪器获取周围船舶信息的主要手段是雷达和 AIS。雷达系统与技术能够为周围船舶提供精准信息,应用效果显著,但具体处理各类信息使用的是 ARPA。ARPA 可以计算出目标船舶的相对位置、相对航行速度、TCPA(最近会遇时间)、DCPA(最近会遇距离)等实

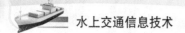

际动态信息。就现阶段来说,当船舶通航密度大时,ARPA难以适应船舶的实际避碰需求,尤其是当船舶转向时,ARPA不会及时反映船舶的实际运态信息、快速更新目标船的具体动态信息,甚至可能会出现船舶跟踪失误或失踪的情况,从而影响船舶驾驶员的具体避碰决策。

但是当船舶装备了AIS后,在AIS的加持下,雷达能及时、准确、自主反映出船舶间交换的各类数字信息。为了及时获得各类信息,船舶可以安装各种传感设备。除了上述信息外,AIS数据还应包括GPS实际位置、船宽、船长、转动速度、艏向等各个方面。充分使用这些数据,船员就能了解当前船舶与周围船舶的实时动态,便于推算出船舶的实际动态。

5.2.3.2 AIS 和 ECDIS

现阶段,AIS要想发挥出其导航作用,可以使用ECDIS技术。ECDIS已经于2018年7月1日后开始强制适用,而且随着网络技术和卫星网络的普及,在改正和出版方面都已不是问题,但有许多功能仍还没有真正发挥出来。为了提高船舶的实际安全性能,快速、准确获取各种数据,积极发挥出ECDIS的正确运行功能是非常重要的。

ECDIS这门技术的实际运用不仅仅包括船舶导航。为了准确标注电子海图,连接GPS和DGPS以获取船舶的具体航行信息是必需的。ECDIS在现阶段很难准确获取其他船舶实际动态信息,难以发挥出实际的避碰作用。随着AIS的实际运用和发展,ECDIS船舶避碰的实际作用逐渐凸显,已超出其导航方面的性能优势。

5.2.3.3 AIS 在海上搜救方面应用

随着海上运输、海上旅游、海上捕捞等行业的发展,水上交通变得越来越复杂,搁浅、碰撞、沉船等海上事故愈加频繁,造成了大量的经济损失和人员伤亡。近几年兴起的AIS技术在海上搜救工作中发挥着非常关键的作用,它的出现解决了搜救时失事地点或幸存者不易被发现的问题。

AIS搜救示位标是基于AIS技术的一种新型的水上搜救定位设备。激活后的AIS搜救示位标会自动广播带有GPS位置和UTC(协调世界时)的信息,使得落水人员在最短时间内被本船或附近装有AIS接收设备的船舶、飞机和岸基发现,实现快速定位和救援。

AIS搜救示位标主要由以下部分组成:

启动器——启动AIS个人搜救示位标设备,应具有防误触发装置。

指示器——指示设备正常运行,并以SOS闪烁方式指示落水者位置。

定位系统——获取经度、纬度、UTC等重要信息。

授时和同步系统——从定位系统得到UTC,使其他AIS能同步接收AIS搜救示位标发送的信息。

通信控制系统——完成定位信息解析、信号同步、AIS消息编码等数据处理工作,同时控制整个系统流程,保证设备正常、可靠运行。

调制编码系统——完成AIS信息的封装和载波调制工作。

无线发射系统——对信号进行功率放大并按照时序进行发射。

电池——为AIS搜救示位标系统供电,持续工作24 h。

AIS搜救示位标系统组成框图如图5.6所示。

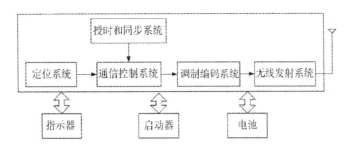

图 5.6 AIS 搜救示位标系统组成框图

5.2.3.4 AIS 在 VTS 上的应用

VTS 的设立旨在保障船舶交通安全、提高交通效率以及保护航行水域环境,它对规定水域内的船舶实施交通管制、协调救助行动,并回应船舶的各种请求。以往,主管部门主要依赖雷达、ARPA 和 VHF 通话来获取船舶的信息及航行状态。然而,VHF 设备操作问题或语言交流障碍曾导致多起事故的发生。为了更及时地了解对方船舶的信息和操作意图,将 AIS 应用于 VTS 展现出了显著优势。AIS 能够提供实时、准确的管制水域船舶数据。通过 AIS 基站的中转,这一技术不仅克服了港口雷达探测距离的限制,有效扩展了 VTS 的覆盖范围,还弥补了雷达在大雾、雨雪等恶劣天气下无法探测目标的不足。对于进出港的船舶而言,AIS 的应用极大地便利了引航工作,使得对安装有 AIS 的船舶能够进行实时查询、跟踪和提供服务。此外,AIS 还能通过陆基网络接入海事信息网,为船公司和其他用户提供更为便捷的服务。由此可见,AIS 的发展在水上交通管理中具有举足轻重的意义,它不仅提升了交通管理的效率和安全性,还为船舶的航行提供了更为可靠的保障。

5.2.3.5 AIS 在航标系统中的应用

AIS 可以应用于虚拟航标系统,与 ECDIS 相结合,将各类助航标志准确地在 ECDIS 上显示出来,便于船舶更好地利用好助航标志,减少事故的发生。虚拟航标系统是基于计算机技术、GPS/DGPS、ECDIS 和 AIS 等新型航海技术而产生和发展起来的一种新型航标系统。AIS 虚拟航标设备相当于固定的船,具有船载 AIS 的全部功能。来往于 AIS 虚拟航标覆盖范围内的船舶都可以接收到它们的广播信息。各类助航标志都可以准确地显示在电子海图上,使来往船舶可以及时准确了解周围助航标志的情况。

(1)AIS 虚拟航标的播发和显示

按照《SOLAS 公约》2002 年修正案要求,所有在 2002 年 7 月 1 日或以后建造的总吨位大于 300 的从事国际航运的船舶、总吨位大于 500 不从事国际航运的货船和所有客船均须装配 AIS;所有于 2002 年 7 月 1 日前建造的从事国际航运的各类船舶必须在 2003 年 7 月 1 日到 2008 年 7 月 1 日前装配 AIS。目前,我国主管部门已建设了覆盖沿海的 AIS 岸基播发基站,通过符合 21 号报文(一种特定的报文类型)泊位负荷标准的各种助航服务信息(如位置、标别和界线区域等),AIS 基站能够形成对该水域的连续覆盖,为拓展 AIS 功能、为船舶提供高效的 AIS 助航服务奠定了基础,为 AIS 虚拟航标的应用提供了技术支撑。

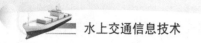

水上交通信息技术

（2）AIS 虚拟航标的使用案例

我国已经在长江口深水航道底宽边界线上设置了 45 座 AIS 虚拟航标，标别性质为航道侧面标，设标宽度与航道底宽相同。用 AIS 虚拟航标来标示深水航道底边界线，便于各类大型和深吃水船舶，对照接收到的 AIS 虚拟航标和 ECDIS 显示终端，始终把控好自身船位，在航道内安全航行。宁波舟山港深水航路采用 AIS 虚拟航标来分隔相反交通流，既有效地界定了通航分道、警戒区、环行道，又克服了实体航标碍航的缺点。

（3）AIS 虚拟航标在应用中存在的问题

AIS 虚拟航标的应用以信息网络和海上无线电收发为关键支撑，在实际应用中也存在一些典型的局限性：AIS 岸基网络系统的可靠性易受电源系统、数据链路、设备质量、强电磁干扰等诸多不稳定因素影响。另一个问题是 AIS 虚拟航标的接收和显示要求船舶装有 AIS 及 ECDIS 显示终端，否则 AIS 虚拟航标不能正常显示。由于设备选型和软件版本较多，并非所有船舶都装备有适用的配套设备。

5.3　船舶电子海图数据平台研究及其应用

随着人类社会的快速发展，船舶的容量不断提升，速度也日益加快，导致全球各海域的航道愈发拥挤，水上交通事故频发。这对船舶的安全航行和海洋生态环境构成了严峻威胁。因此，提升船舶的安全航行能力已成为 IMO 及各国相关部门的紧迫任务。为实现这一目标，必须研究和开发新的航海技术，以满足船舶航行安全不断提出的新要求。关键在于，要能够集中展示本船的航行状态、周围动静态目标信息，以及地理位置和环境状态等全面信息，使驾驶员能够实时获取这些信息，并迅速做出判断与预测。

根据 IHO 的定义，电子海图泛指能够显示海图信息数据的软件、电子系统。电子海图自 20 世纪 70 年代被提出后，便得到了蓬勃的发展，现已成为船舶导航系统不可或缺的核心设备。2011 年 IMO 海上安全委员公布了客船、货船、油船强制安装 ECDIS 的吨位及时间表。近年来，随着计算机技术和信息技术的发展，ECDIS 的重要性得到进一步提升，已经从最初的面向船舶导航的单机应用逐步扩展到其他的网络应用，如船舶监控系统、航道管理系统等。

ECDIS 是 20 世纪 80 年代出现的一门新兴技术手段。以前，驾驶人员靠纸质海图的手工作业来满足航海的需要，显然难以精确反映出船舶的航行状态信息和周围地理环境信息，不利于驾驶员做出快速及时的决策。电子海图的自动海图作业保证了船舶航行的效率，同时也提高了船舶航行的安全性。电子海图能够任意、快速地改变海图数据显示的比例，可对感兴趣区域进行放大与缩小，可对显示的物标和航线进行标注，可在海图上叠加显示雷达信息和信息，便于驾驶人员及时、精细地了解自身状况和周围地理环境信息，从而增强船舶航行的安全性。因此，人们称电子海图为航海世界里一场新的技术革命。

我国的电子海图研究起步稍晚，在 20 世纪 90 年代初，一些与航海相关的大学或研究机构开始研制船载电子海图，并且在电子海图的显示和船舶航行信息的处理方面取得了可喜的成果和经验。大连海事大学航海技术研究所自 20 世纪 90 年代初就开始电子海图的开发和研究，协

78

助港监和航道管理局等进行海图的数字化工作,并成功开发了拥有自主知识产权的电子海图平台。随着国际标准化进程步伐的加快,航海技术研究所对 ECDIS 的相关标准进行深入的研究,并针对国内的实际情况,研发了导航、引航系统等符合 S-57 和 S-52 的海图平台,其中船用电子海图导航系统(含 AIS)通过 CCS 检验。

5.3.1　电子海图系统的功能及应用介绍

近年来,计算机技术和数字化技术的不断发展,给船舶领域带来一轮又一轮的技术革新。在船舶导航与通信系统领域,电子海图技术与地理信息系统一起,成为船舶导航与通信系统不可或缺的工具。电子海图技术利用计算机平台,能够快速地更新数字化地图。相对于传统的纸质地图,电子海图技术具有明显的优势,比如电子海图技术可以根据用户的需求进行比例尺的转换,使用户能够进行某一区域地图的放大与缩小;电子海图具有良好的人机交互性,用户可以对电子海图进行访问、信号输入等操作,提升用户的操作体验;电子海图还能够与地理信息系统、雷达等集成在一起,使用户能够获取直观、准确的船舶定位信息,保障船舶航行安全。

电子海图技术不仅能够对船舶的航行状态进行实时的数据采集,保证船舶的定位精度,还能为船舶提供综合导航功能,包括航线查询、航迹追踪等,被誉为雷达技术之后的又一次船舶技术革命。电子海图平台主要由操控单元、主机、适配器、显示单元、接口、GPS、雷达等组成。船舶电子海图原理图如图 5.7 所示。电子海图平台能够实现的功能包括以下几种。

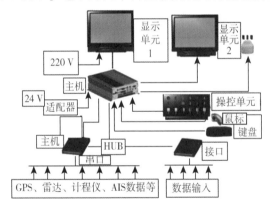

图 5.7　船舶电子海图原理图

(1)导航海图的信息显示

电子海图平台在进行海图数据显示时,充分利用图像、符号、文本等技术手段,能够为用户提供完整且准确的海上地理位置信息。用户还可以根据自己的需要,调整电子海图的比例尺,获取电子海图的细节。

(2)海图修正功能

电子海图平台能够利用不同的投影方式合成不同类型的海上地图,比如可以利用投影产生三维立体的海上地图。当海上航线出现变化时,电子海图平台能够及时地对当前的海图进行修正。这项功能使得电子海图具有时效性特点。

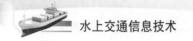

（3）航线监测和预警功能

船舶工作人员在使用电子海图进行导航时，电子海图平台能够自动判断船舶是否处于当前航线，一旦船舶偏离规划的航行轨道，或者船舶在航行过程中靠近危险区域，就会触发电子海图的报警功能，提高船舶航行的安全性。

（4）船舶定位和航迹记录功能

电子海图平台集成 GPS、陀螺罗经、计程仪等现代化的船舶定位与导航设备，能够融合这些定位与导航设备采集的信息，并对这些信息进行分析和处理，为船舶提供精确的定位信息。电子海图平台每隔 1 min 就会记录下船舶当前的航行状态，比如船舶的船位、航向、航速等，记录船舶的航迹信息。

（5）气象信息查询功能

当船舶在海上航行时，气象条件对于船舶航行的安全性、经济性有重要影响。电子海图平台能够为船舶提供时效性较强的气象信息，帮助船舶操作人员进行航线规划，为船舶操作人员提供海流、潮汐、天气等重要的海上气象条件数据。

近年来，世界各国对 ECDIS 的重视程度显著提升，不惜投入大量时间和资金进行深入的开发和研究。随着计算机技术的迅猛发展，ECDIS 的国际化标准也在逐步建立和完善。从全球范围来看，在电子海图的功能、海图信息的提供和更新以及产品销量等方面，美国的 Sperry、Raytheon，德国的 ATLAS，以及英国的 TRANSAS 等，都是最具代表性的企业。这些公司研发的产品不仅完全符合电子海图系统的国际标准，而且在多个方面超越了基本需求。例如，它们能够对航线进行精确规划与监测，对潜在的危险事件进行及时报警，存储航线及修正后的海图数据，并且能够叠加显示雷达数据和其他相关信息，从而帮助操作人员迅速做出准确的判断与决策。

5.3.2　电子海图系统在船舶航行中的应用

ECDIS 在现代船舶中的应用极为广泛，几乎所有船舶上都配备有 ECDIS。它的主要作用是可以有效防止船舶发生避碰事故，避免造成无法挽救的局面。

（1）ECDIS 在海上避碰中的应用

①制订海上航行计划

使用 ECDIS 可以使海上航行计划的制订变得简单方便，驾驶人员可以快速地形成、修改和提取关于转向点和航线库的数据，同时可以根据这些详细的数据进行转向点和航线的选择，提高了工作的效率和质量。

②航线监视和报警

ECDIS 能将来自 GPS、ARPA、测速仪等各种传感器的测量数据以不断更新的矢量信息显示在相关的电子海图上，让航海人员对船舶当前的状态与计划航线的关系了如指掌。

③航程记录

ECDIS 有着与纸质海图相似的功能，还可以保证记录的数据不能被更改处理。在事故发生以后，这些数据特别有用，足以帮助还原船舶当时航行的状态，判断导致事故发生的原因，起到

"黑匣子"的作用。

④雷达图像叠加显示

在彩色显示器上,以海图为背景,雷达图像叠加显示被认为是一种最有效的显示方法。它不仅可以实现船舶导航功能,还能够达到规避碰撞危险的目的。雷达图像的杂波太多会掩盖部分数据,干扰海图信息的正常显示,令航海人员难以区分。这时,雷达图像叠加显示能起到很好的改良作用,只需要把 ARPA 数据叠加显示在电子海图上即可一目了然地区别浮标和目标的回波,方便航海人员根据正确的物标信息迅速确定本船的具体位置。

(2)ECDIS 在内河引航中的应用

内河水域航道狭窄、复杂曲折、碍航物多,航线设计存在较大困难。驾驶人员输入需要的航路点、转向点和目的地,就可以利用 ECDIS 进行计划航线的自动编辑,生成计划航线可行性的判断方案,为计划航线的更改提供理论指导,从而形成满足需求的计划航线。

5.3.3　ECDIS 未来研究展望

现阶段 ECDIS 已经成为一种新型的船舶导航系统以及辅助决策性系统,可以连续地给出船位,也可以提供、综合与航海有关的各种信息,进而预防各种险情。ECDIS 未来的研究发展趋向于多维化、一体化、开放化、移动化、服务化。

(1) 多维化

传统的电子海图以平面图形为基础,根据 IHO S-52,采用二维符号构建海图表示库并进行显示。二维海图是对航行地理环境的一种抽象符号表示,有助于使用者站在全局和宏观视角进行观察,但对局部真实细节不能直观还原,而且由于抽象符号的复杂性和可能多义化,也会造成辨识符号意义和准确理解航行环境的困难。随着计算机图形学发展,将二维转变为三维成为电子海图的一个重要发展方向。

有别于航海模拟器等单纯强调真实感的应用,三维电子海图不仅需要真实场景,而且需要真实场景中不存在的虚拟要素,如水深、等深线、报告线、等深区、锚泊区、警戒区等。因此,二维电子海图的矢量数据被用来弥补三维场景水面信息的不足,即将二维电子海图中的水上物标与三维的岸线、地形、临水建筑物、港航设施等数据进行融合绘制,在三维空间组织框架下实现海量、多源、多类型的数据融合。该模式既不同于纯二维应用也有别于纯三维应用,因此常被人称为多维电子海图或多维航道模型。其中一种构建技术是基于数字地球网格模型,利用金字塔的数据组织、调度和绘制方法,同时结合空间投影变换,在保留海图绘制规范和用户习惯的基础上,将多种数据包括地形数据、遥感影像数据、三维实体数据、水面物标数据、水深数据和潮流数据等融合在统一的框架内显示和应用。

(2)一体化

随着物联网技术的快速发展,航运领域逐渐出现了一个新的概念——船联网(IoS, Internet of Ship),IoS 的出现推动了电子海图导航系统的一体化进程。

IoS 有各种不同角度的定义。狭义的 IoS 定义为连接船上设备和岸基设备的网络系统;而广义的 IoS 定义为物联网技术在海上货物运输的应用,主要基于传感对象互联技术。其中,传感对象包括船舶、船员、船上设备、货物、航道环境和设施、岸基设施等。通过各种传感器和异构网络,传感对象之间实现数据采集和交换。

IoS 可利用网络通信技术,通过信息资源交换与共享,为船舶提供港口、船舶公司、VTS 中心、引航中心、海事局、航道局、闸口、气象、船代和货代等各种航运相关信息。这些信息在电子海图导航系统中融合,能够更好地保障船舶航行安全,提升船舶航行效率。

当然,IoS 的意义更多在于将船舶、船公司、港口、VTS 中心等各航运参与方紧密联系为一体,保证其间便捷畅通的业务交流通道。其作用不仅仅可提升船舶航行安全,还将面向航运全行业以及社会公众提供全方位综合信息服务,提升整个航运各环节的效率。

（3）开放化

电子海图系统的开放化主要体现在 S-100。S-100 即通用海道测量数据模型,于 2005 年由 IHO 提出,并于 2010 年正式发布 1.0.0 版本。作为新一代海洋地理信息数据模型,S-100 历经了 4 次更新与完善,能够支持影像数据、网格数据、三维数据以及海上空间数据基础设施等更广泛的海道测量相关数据和产品,解决了 S-57 仅能应用于 ENC 编码的局限性。

欧美国家和韩国开展的 e-Navigation 工程已经将 S-100 数据产品应用于数字导航,如在 EfficienSea 2 通过 ECDIS 接收 S-124 数字航行通告和警告信息。S-100 应用性研究阶段可以被视为是在 S-100 和数据产品规范趋于完整、e-Navigation 战略不断推进的背景下的一个测试研究时期。通过 S-100 应用性研究,学术界和工业界达成如下共识:

· S-100 可实现海洋地理空间数据建模、生成、显示、编码、交换,是基本标准。

· S-100 与 e-Navigation 的应用理念相同,即通过数字化方式将数据产品和服务以一种协调的方式在 ECDIS 等设备上叠加显示,完成综合导助航服务。

（4）移动化

随着手机、平板等移动触屏终端设备的快速发展,电子海图系统的移动化技术也在不断完善。移动化的电子海图系统 APP 具有携带方便、应用灵活和更新便捷等诸多优点,对于引航应用场景以及未安装电子海图系统设备的小型船舶尤其适用,能够有效降低成本,减少小船因无导航系统而造成的安全隐患。

电子海图系统 APP 通常基于 Android 或 iOS 操作系统进行开发,主要实现海图显示、船舶定位与导航、航线设计、航行监控、航迹记录、位置标注以及预警报警等常用功能,为用户提供船舶航行辅助。其开发主要涉及 S-57 电子海图的数据解析和组织、坐标转换与投影、符合 S-52 的海图检索与显示、GPS 定位、基于蓝牙或 Wi-Fi 的外部设备连接、基于套接字的网络数据连接以及基于触控操作的用户界面交互等。

（5）服务化

随着通信网络的发展,电子海图系统不再仅仅依赖船舶上的设备和数据进行导航,而越来越多地接收岸基的航行信息服务。IMO 提出的 e-Navigation 战略加快推进了服务化进程。

航行信息服务的研究包括服务数据的组织和服务机制。其中,服务数据的组织主要以 e-Navigation 的海事服务集（Maritime Service Portfolios,MSP）为核心展开研究。MSP 是在指定的海域、航道、港口或类似区域,由岸基提供给驾驶人员的一组标准化、业务上或技术上的海事服务信息集合。

e-Navigation 强调以需求为导向,收集、综合和分析海事信息,增强船舶泊位到泊位的全程航行能力,因此,其服务模式的研究尤为关键。航次服务和船位服务结合的智能服务模型提供了一种解决方案。航次服务在船舶开航前,根据船舶特征以及起始港和目的港信息,定向提供气象预报、航段最浅水深点和航道状态等信息,辅助船舶进行航次规划。船位服务则在船舶开航后,根据船位提供其航行环境的实时动态信息,辅助船舶进行航行监控。智能服务能够辨识船舶需求,主动提供精确的信息服务,其中涉及大量的大数据和人工智能技术,例如,基于大数据的用户需求分析、基于多元线性回归以及循环神经网络等的航行环境状态预测等,是电子海图系统服务化未来的主要研究方向。

5.4　e-Navigation 研究及其应用

随着航海事业智能化的不断推进,e-Navigation 应运而生。e-Navigation 主要包括船与船、船与岸以及岸与岸间海上航行相关业务的互联互通和无缝共享。其利用现有先进技术手段保障海上航行安全、提高海上业务处理效率、降低海上相关人员工作压力。其以用户的需求为主导,提供各种服务,最大限度地保障船舶航行安全的同时,保护海洋环境,提高运输效率。e-Navigation(简称 e-Nav)中的"e"是电子(Electronic)和加强(Enhanced)的综合,而不是通常认为的仅为"电子",有时也称它为"e 航海"。e-Navigation 由船载系统、岸基系统和数字通信链接组成,是一个基于标准 HMI(Human Machine Interaction,人机界面)基础数据交换和信息显示标准的开放系统结构。

5.4.1　国内外研究现状

2014 年 4 月,我国 e-Navigation 战略与技术研讨会在厦门举行,主要交流讨论 e-Navigation 战略研究进展、关键技术、实施计划及相关技术创新等议题。2016 年交通运输部海事局推进 e-Navigation 在各海区试点,洋山港、长江口、天津港、珠江口等水域 e-Navigation 工程项目逐步得到开展和实行,在保障船舶航行安全,提高助航服务质量,保护海上环境等方面发挥了重要作用。2017 年 5 月,中国运载火箭技术研究院与大连海事大学联合组建船舶电子信息技术研发中心(大连),围绕 e-Navigation 完成遨海通通信产品系列、遨海云数据服务系统、遨海桥导航系统等产品的核心技术攻关,构建了"云-网-桥"一体的 e-Navigation 信息服务系统,并开展了相关实验系统部署及推广应用工作。2018 年交通运输部海事局在韩国签署加入全球e-Navigation 测试平台合作计划备忘录。我国与各参与国在合作计划的框架下,共同建立全球 e-Navigation 测试平台,分享相关信息,并通过参与 e-Navigation 合作计划,分享我国 e-Navigation 发展成果,推动国内相关产业研究和开发。

在 IMO、IALA、IHO 的推进下,欧洲的e-Navigation 战略制定了诸如 S-100、航海服务集、岸基通用系统构架等一系列标准草案,建立了一系列的试点示范工程,如 MONALISA 工程、EfficienSea 工程和 ACCSEAS 工程。美国的e-Navigation 事务主要由 CMTS(Committee on the Marine Transportation System,美国海上运输系统委员会)负责。CMTS 的工作重心不是放在 e-Navigation 测试系统的研究和开发上,而是建立一个 e-Navigation 框架体系,通过借鉴其他国家在 e-Navigation 建设中的经验,应用其他国家在 e-Navigation 领域取得的成果,结合自身需要,搭建更适合本国国情的海上运输系统,也为各相关助航系统的建设提供指导。日本 e-Navigation 支援系统主要通过 AIS 向船舶提供诸如船舶动态、静态信息,水文气象,推荐航线,航行限制水域等航行所需要的海上安全信息;沿海区域信息系统主要通过手机、互联网等方式为沿海游船、渔船等提供紧急信息、气象、船舶动态等服务。

5.4.2 关键技术

IMO 的文件提到,关键研究领域有导航系统和设备集成(包括软件质量改进)、驾驶警报管理、导航设备标准化模式、自动化并且标准化的岸-船报告系统、提高船上 PNT(Positioning、Navigation、Timing,定位、导航和授时系统)的可靠性和适应性、改善岸基服务、驾驶台和工作站布局标准化。以上关键领域主要涉及感知、数据、标准和传输。

(1)感知

在 e-Navigation 概念中,第一步的收集船舶内部和航行环境等信息,实质上就是感知的过程。感知是实现 e-Navigation 的基础,感知系统所得到的数据将满足 e-Navigation 发展的需求,能通过相应的技术处理推动船舶自动化、信息化的发展。

船舶航行时值得关注的信息包括自身的状态信息与周围环境的信息。对于自身信息感知来说,目前有温度、转速、液位等多种传感器进行感知,相对比较成熟。而周围环境信息感知技术中,AIS、雷达、ECDIS 等应用广泛,但难以满足智能船舶安全可靠的自主航行的需求。因此,需要更多传感器来感知更丰富的环境信息,包括视频摄像机、激光雷达传感器等。其中,视频摄像机可感知能见范围内的图像信息,对周围环境感知更加精确细致。随着计算机视觉技术的发展,图像感知技术越来越成熟,可作为未来智能船舶环境感知的重要组成部分。该技术通过设计并构建智能船舶环境感知平台,集成全景摄像头感知系统、4G 雷达感知系统、AIS 感知系统、陀螺罗经传感器以及控制通信系统,能有效收集处理 AIS、罗经、雷达以及视频图像信息,并进行展示,进而基于深度学习算法做出船舶目标的监测。

(2)数据

数据是 e-Navigation 安全保障的基础。在航海之前,通过对航海日志中的有效信息进行清洗、筛选与分析识别,以最低航行成本、最高经济价值为目标,风险系数最低为约束条件,来构建数据库,对航行情况进行预测,以便于调整、制订合适的航行计划,确保航行的安全性与可靠性。在航行过程中,通过传感器等智能采集技术对航行过程中的航速、航向、机器性能指标等基本数据进行动态监控与获取,利用物联网等技术将数据传输到显示系统中,进行相关分析与判断,确保航行过程中仪器设备能够维持在正常的使用状态。

在研究多传感器融合感知算法之后,基于智能船舶环境感知平台,提出融合 AIS、雷达、罗经以及视频图像等信息的感知算法,有效提高感知的准确率,丰富感知信息的维度。融合过程主要包括坐标转换、时间统一、目标关联和信息融合。多源数据融合过程如图 5.8 所示。

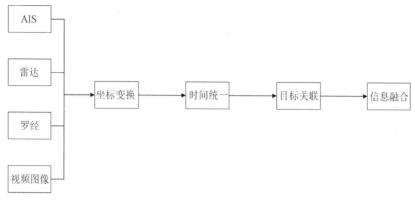

图 5.8 多源数据融合过程

（3）标准

①MS

e-Navigation 是一种抽象的概念。其在实施过程中具体的表达方式是 MS（Maritime Service，海事服务），具体是通过各种技术实现的一种标准化海上服务。MS 起初被称作 MSP。IMO 文件对 MSP 的描述为"在指定的海域、航道、港口或类似区域，由岸基提供给驾驶人员的一组标准化、业务上或者技术上的海事服务信息集合"。2018 年 10 月，IMO 将 MSP 更名为 MS，其定义为具有"协调统一格式的海上相关信息及数据的供应和交换"。最新的定义大大拓展了 MS 可能涉及的领域，即一切与海上信息相关的服务都有可能成为一种 MS。目前，业内已确定 MS 的服务有 16 种，如表 5.1 所示。

表 5.1 MS 服务类型

MS 编号	服务名称	MS 编号	服务名称
1	VTS 信息服务	9	远程医疗服务
2	助航服务	10	海事协助服务
3	交通组织服务	11	海图服务
4	地方沿岸港口服务	12	海图出版物服务
5	海上安全信息服务	13	冰上航行服务
6	引航服务	14	气象信息服务
7	拖船服务	15	实时水道测量服务
8	船岸服务	16	搜救服务

②S-100

与之前的 S-57 相比，S-100 支持数据内容与数据编码格式的分离，数据交换与传输更加灵活和普遍，并且无须发展新版本的产品规范，只需要对原有产品规范进行扩展来改进标准，有利于推广和生产。S-100 克服了 S-57 只服务于电子海图数据生产和交换的弊端，与 IHO 无关的个人和机构都可以利用 S-100 提供的标准框架开发出属于自己的海洋地理服务及应用。S-100 的注册机制是开放的，而且支持多元数据类型。

在电子导航中，各种各样的海洋和海洋相关数据，如 ENC、辅助导航、AIS、雷达、潮汐和气象数据，被用于各种信息服务。数据基本上是作为附加的信息层覆盖在 ENC 上。有些电子导航服务只使用某一特定领域的一种数据,有些则使用多学科领域的多种数据。事实上,为了提供更有效和更适当的信息,许多电子导航服务将协调和利用多学科的数据。设计良好的基于S-100 的数据管理系统有助于电子导航服务查询、访问、协调和利用与电子导航相关的各种数据。为了支持电子导航服务的有效数据协调和利用,建立一个系统作为后台数据库内核,用于有效管理基于 S-100 的异构数据非常必要。根据 S-100 数据模型和 S-101 ENC 数据、S-102 测深数据等 S-100 数据产品的特点,设计 S-100 数据管理系统,实现各种 S-100 海洋及海洋相关数据的存储、管理和访问。S-100 数据管理系统可以被设计为基于文件的数据库内核。它由以下组件组成:内核接口、集合管理器、索引管理器和页面管理器。内核接口提供 API(Application Program Interfaces)并管理用户请求。集合管理器处理数据集合及其各自的基于 S-100 的数据内容。索引管理器为快速检索基于 S-100 的数据创建和管理索引;根据数据类型,利用数据集合的内容构建索引。页面管理器控制对数据库文件中的数据的读写。

在基于 S-100 的优点和发展前景方面,IMO 经过研究与论证,决定使用 S-100 作为 e-Navigation 系统的 CMDS(Common Marine Data Structure,通用海事数据结构)。e-Navigation 系统处理的所有数据,都需要依照 S-100 的要求建立数据结构,形成信息标准,即产品规范。MS 作为 e-Navigation 应用系统的解决方案,所处理的信息和数据也应该遵循 S-100 的要求,应根据 S-100 创建 e-Navigation 中各种信息产品规范。S-100 与 e-Navigation 系统相辅相成。这种关系不仅有利于 S-100 的开发与完善,也有利于 e-Navigation 系统的开发与实施。

(4)传输

①甚高频数字通信

VDES(VHF Data Exchange System,甚高频数字通信系统)在保留 AIS 功能的基础上,通过引入甚高频数据交换(VDE)和特殊应用报文(ASM)功能,全面强化了船舶数据通信能力。2014 年,IMO 将 VDES 作为新型的数字通信系统纳入“e-Navigation”体系,标志着 VDES 成为“e-Navigation”战略的主要通信核心技术之一。未来的 VDES 是集岸基、卫星于一体的通信系统,实现船与船、船与岸、船与卫星之间的数据交换,能够高效集成、分析、交换和呈现海上信息。

目前的 VDES 系统框架由岸基设备、船站设备、VDE 卫星地面段、VDE 卫星空间段与海上信息服务中心等组成。未来的 VDES 系统所支持的业务、设备更加多样化,包括 AIS、AIS+ASM、AIS+ASM+地面 VDE、VDE 岸站设备、VDE 卫星载荷及 VDE 卫星地面控制设备等。

从航线设计上来看,VDES 传输丰富的航行基础信息及环境信息为数据挖掘提供数据支撑。航线交换可通过 IP 网络、AIS 与 ASM 实现。IP 网络交换航线受到用户自主性限制,只能与附近自主公开航行计划的船舶进行信息交换。IALA 研究表明,当 AIS 负荷达到 50% 时,会造成信道阻塞及信息丢失等情况。VDES 对不同业务采用专用通道,并具有多种工作模式,通过利用 ASM 对特定时间段的航线信息进行自动处理及广播通知,来满足用户进行航线交换的不同需求,提高航线交换的实时性及可靠性。

②海上数字广播

随着 GMDSS 现代化进程和 e-Navigation 建设的不断推进,涉海用户对海上安全信息播发的内容、速率、时效性等都提出了更高的需求,海上数字广播系统(NAVDAT)应运而生。NAVDAT 系统相较于传统的 NAVTEX,具备数字化、高带宽、高速率等优势。IMO 等国际组织也大力推进 NAVDAT 的应用进程。NAVDAT 成为未来海上安全信息播发技术发展的重要方向。ITU 于 2012 年颁布了 NAVDAT 技术建议书——《一种称为“Navigational Data”的在 500 kHz 频段实施岸至船海上安全信息广播的数字系统的技术特性》。从技术角度而言，NAVDAT 是一种用于海上安全通信业务的中频无线电通信系统，工作于 500 kHz 频段，采用数字传输技术，提供岸到船方向的广播链路。NAVDAT 可使用类似 NAVTEX 的播发方式，由 IMO 协调时隙分配，多个电台在相同频段下分时段播发；也可以使用 DRM（Digital Radio Mondiale，全球数字广播）模式，多个电台同时发射，无线电信号范围可交叉覆盖，实现对目标海域的加强覆盖。

利用 NAVDAT 技术可有效提升信息传输效率，实现气象信息、水文信息、航道信息等的及时和可视化发布，丰富完善海上安全信息播发类型；通过发布可视化的搜救信息，可直观地显示周边遇险船舶的位置，并提供船舶载货和人员的各类信息，便于迅速确定船位、组织搜救力量和快速出动，有效提高海上搜寻救助应急反应行动效率；利用数字化信息播发技术能够实现海上安全信息的同步播发、定向播发、个性化定制播发等，更加贴合用户的实际使用需求。因此，NAVDAT 成为 GMDSS 现代化和 e-Navigation 中提供海上宽带通信服务支撑的关键系统之一。

5.4.3　应用实例

（1）MONALISA 工程

MONALISA 工程立足于 e-Navigation 基本架构，采集、融合、交换、展示和分析包括航道信息、港口信息、船舶船员信息、航运管理信息、水上安全信息货物及航运市场信息、公共服务信息等在内的所有信息，并按照不同的用户业务需求提供数据信息，实现信息的无缝共享。MONALISA 工程的总体架构分为高精度船舶导航靠泊系统、导助航信息服务系统、航海保障指挥调度监管系统以及数据采集系统等部分。MONALISA 工程框图如图 5.9 所示。

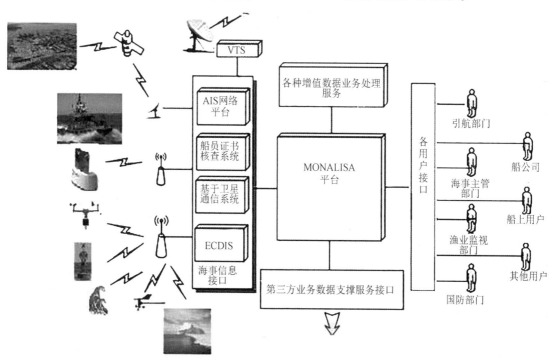

图 5.9　MONALISA 工程框图

（2）ACCSEAS 工程

ACCSEAS 工程于 2012 年启动，历时 3 年，总投资 500 万欧元，由来自 6 个国家的 11 个参与机构共同参与建设。本工程利用 AIS、VTS、GPS、PNT 和雷达等技术在我国北海区域内实现船舶实时航线信息交换与建议服务、海事云服务、多源定位服务、弹性 PNT 服务、海事安全信息服务、海事公告服务、禁航区服务、AR 显示器服务、自动化报告服务、船舶操作协作工具服务、动态船舶运动预测服务、VTS 交换系统服务等，为北海海区打造一个高效、安全和可持续的水上交通网。ACCSEAS 工程流程图如图 5.10 所示。

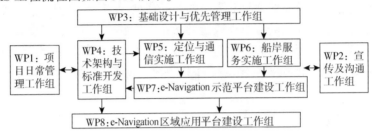

图 5.10　ACCSEAS 工程流程图

（3）珠江口 e-Navigation 示范工程

珠江口 e-Navigation 示范工程主要是针对珠江口复杂的通航环境和船舶交通流，以向船舶提供从泊位到泊位的航海保障信息服务为目标，建设 e-Navigation 主题数据库、航行保障信息服务系统、船端导助航系统和移动终端导助航系统以及示范系统功能应用测试和验证等子系统。珠江口 e-Navigation 示范工程框图如图 5.11 所示。

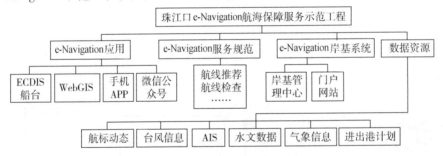

图 5.11　珠江口 e-Navigation 示范工程框图

（4）洋山港 e-Navigation 工程

高精度船舶导航靠泊系统利用北斗/GPS 定位技术、CORS(Continuously Operating Reference Stations，连续运行参考站)技术等获取并显示高精度的定位信息，帮助船舶安全、高效靠泊。助航信息服务系统在此主要指利用 AIS 将导助航信息发送给船载接收机。航海保障指挥调度监管系统通过防火墙等安全措施，采用集群、虚拟化等技术实现海量航海保障业务数据的采集、存储、处理，利用专门的网络，接入航海保障指挥调度监管系统及各应用子系统，或者通过互联网或专线接入各第三方应用。数据采集系统包括测流仪、气象传感器、航标遥测遥控终端以及固态数字雷达等，分别采集潮流、气象信息，航标动态以及小型船舶或渔船动态。船岸航行信息报告系统将船舶自身信息自动报告给岸基监管部门。洋山港 e-Navigation 工程总体架构图如图 5.12 所示。

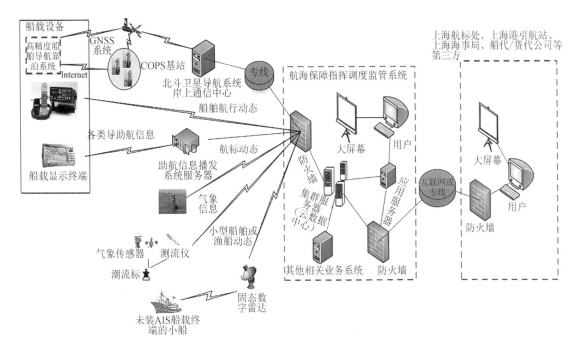

图 5.12　洋山港 e-Navigation 工程总体架构图

5.5　船舶智能靠离泊技术研究及其应用

　　船舶靠离泊是航行安全中的"最后一公里"。这一过程不仅安全风险高,而且操作难度大。大部分的船舶事故都与驾驶人员在靠离泊过程中的不当操作有关。船舶靠离泊作业要求持续感知本船及其周围环境的信息,进行数据存储与切换,以确保信息的实时同步,并据此做出航迹、航向及航速等规划决策。目前,船舶主要靠拖船的控制来实现位置的移动,如图 5.13 所示。

　　在"海洋强国"政策的引领下,无人船舶在人工智能、物联网、大数据等科技的推动下得到了迅速发展,并成为行业关注的焦点,展现出明显的发展趋势。其中,船舶的自主智能靠离泊是无人船技术发展的一个重要研究方向。船舶自动靠泊技术,指的是在无人或大部分时段无须人工干预的情况下,船舶能够自主完成掉头、转向、横移、停船等一系列操作。这项技术不仅涉及对船舶航向、航速的精确控制,还涵盖了泊位镇定、轨迹跟踪、路径规划等多个复杂环节。

　　靠泊船舶的辅助信息的获取是实现智能化靠离泊不可或缺的组成部分,是智能靠泊系统进行自动化靠泊作业的"眼睛"。船舶当以低速接近码头时,舵效减弱,更易受到风和流的影响,容易失速或靠泊角度过大。大型船舶还存在高大的船体影响观测、巨大惯性带来的操船延时等问题。为避免发生船舶碰撞事故,船舶靠泊时一般要尽可能平行靠泊,同时保持稳定而缓慢的靠泊速度。所以,船舶在靠泊阶段,就需要精准确定靠泊速度、离岸距离和靠泊角度等辅助信息。

图 5.13　一艘轮船在拖船的协助下靠向唐山曹妃甸港区的煤炭码头

5.5.1　智能靠离泊技术研究现状

目前,国内外对于无人系统的研究卓有成效,其中关于自动驾驶汽车领域的自主泊车技术研究取得了一定的成果,并在实际应用中取得成功。同时,随着船舶的发展,船舶的吨位也随之增大,船舶智能靠离泊操作变得逐渐复杂化;特别是对于大型船舶而言,大多数运输船舶为欠驱动船舶,无法实现平移运动,再加上自身操纵性也比较差,给船舶智能靠离泊操作带来困难。泊位水深一般比较浅,船舶的舵效和回旋性能较深水海域有所下降,导致船舶的整体操纵性能下降,又增加了船舶智能靠离泊操作的难度。

关于自主靠离泊理论的研究,国内起步较晚,相关的研究资料较少,具体方向主要集中在控制任务、船舶运动模型以及控制器的设置。国内从事的研究任务方向主要是直接靠拢方式:大连海事大学郭晨等研究的镇定控制问题是从自主靠离泊问题转化得来的并完成直接靠拢;代昌盛通过强化学习的自适应迭代滑膜理论实际控制器,按照设定的路径将"路径跟踪"应用于解决靠离泊问题之中完成直接靠拢;王化明通过求解岸壁和自由液面的重叠网格雷诺平均方程,研究水深对靠离泊船舶水动力的影响并进行数值仿真;闫晓飞重点研究激光雷达对于船位和航速信息数据的获取,来构建环境地图。

关于船舶自主靠离泊技术的研究始于 20 世纪 80 年代初。相较于自动泊车技术,船舶自主靠离泊技术尚显稚嫩,研究工作主要聚焦于船舶靠离泊控制任务、船舶运动数学模型及控制器设计等领域。早期,研究人员通过检测和跟踪岸基泊位物标,开发了一种基于图像传感器的船舶自动靠泊测距控制系统;随后,在此研究基础上,基于艏向上坐标系统的靠泊控制器被提出来;后来,船基绞缆控制系统利用艏艉部的缆绳实现了平行靠泊,该系统采用键合图法进行建模,结合非接触式超声波测距与 PID 直接反馈控制船舶靠泊,并通过水槽试验验证了其有效性。

5.5.2　激光雷达智能辅助靠泊

（1）激光测距技术原理

激光测距技术诞生于 1960 年,主要目的是以激光作为载波,根据发出和接收激光脉冲的时间差来实现对目标距离的测量。激光靠泊系统是目前应用最广泛且效果最好的一种岸基式靠泊辅助系统。与其他系统相比,其优点是探测精度高,动态反应灵敏,作用距离远。基于远近红外激光模式的脉冲激光测距仪具有对相干性要求低、输出功率高、频率高、效率高、结构简单以及可扫描范围广的优点。脉冲激光测距示意图如图 5.14 所示。

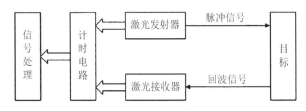

图 5.14　脉冲激光测距示意图

激光发射器发出脉冲激光,经过一段距离到达目标后被反射,激光接收器中的光电探测器接收反射的回波信号,计时电路通过脉冲信号和回波信号到达的时间差得出目标物体与发射出的距离。

（2）BP（Back-propagation）神经网络

BP 数据模型将激光雷达采集到的信息作为输入,经 BP 神经网络训练系统的数据模型计算得到航速、航向、离岸距离以及靠离泊动态情况等输出值,并通过显示面板等直观地显示信息,便于岸边靠离泊人员和船舶驾驶员及时调整船舶状态,保障船舶安全地靠离泊。

感知机是一种计算模块,同时也可以作为 BP 神经网络的最小组成单元,即神经元 DNN。其主要特点是在普通 BP 神经网络的基础上引入多层隐藏层,具有集成度高、学习力强的优点,能够轻松地描述船舶靠离泊情况。

DNN 包括多层由众多神经元组成的层,其中第一层是输入层,中间层都是隐藏层,最后一层是输出层,层与层之间通过节点函数和参数值进行递归传递。假设在第 $l-1$ 层一共有 m 个神经元,那么对第 l 层第 j 个神经元的输出 $a_{l,j}$,根据第 l 层的输出 a_l 和第 l 层的数据输入 t_l 计算总误差,使用梯度下降法就能更新输出该 a_l 的隐藏层的权重。

采用基于 DNN 模型的 BP 神经网络,即反向传播技术可以对参数进行更新和网络训练。BP 算法是一种神经网络参数梯度方法,根据微积分中的链式法则,可从输出层逐层返回至输入层。在 BP 神经网络中,以激光雷达采集到的数据为输入,通过该算法逐层向下递归计算,最终通过输出层得到船舶的动态预测信息,进而能够实现对船舶靠离泊的动态预测。

但激光雷达靠离泊也存在一定的缺点,如激光束较窄,测量面为点,不能够掌控船舶整体态势,对船舶结构最大尺度目标的探测不准确,自动寻找目标的能力差;激光雷达靠泊系统损坏概率较高;激光探测器安装位置固定,对船舶大小和船型的适应性较弱。

（3）基于 SLAM 技术的靠离泊地图构建

SLAM（Simultaneous Localization and Mapping）技术,也称为 CML（Concurrent Mapping and

Localization,即时定位与地图构建),通过对周围环境的扫描,构建实时的三维地图;同时,可以获取靠离泊过程中需要的泊位信息、船位信息、周围物体信息等。

SLAM技术最早于1988年提出,用于构建座席周围环境的虚拟地图并更新其实时坐标。其基本原理是运用概率统计的方法,通过多特征匹配来达到定位和减少误差的目的。考虑到在自主靠离泊过程中可能出现船舶大角度变化带来的地图匹配混乱和重复扫描同一地区的问题,可在原LOAM(Lidar Odometry and Mapping in Real Time)算法的基础上进行功能拓展,加入特征点筛选和"重定位"功能,能够进一步提高构建地图时的精度。

激光雷达作为一种高精度的视觉传感器,是SLAM技术依托的重要设备之一。它可以高度准确地定位激光束打在物体上的光斑,得到每一个点的具体坐标,获取完整的点云数据,进而构建出较完整的三维环境。激光雷达主要测距方式为三角测距、TOF(Time of Flight)测距。

三角测距:三角测距是指激光发射器发射出的激光经过多个物体反射后,最终由线阵CCD(Charge Couple Device,电荷耦合器件)模块接收。

TOF测距:激光雷达的计时器从激光发射器发出激光脉冲的瞬间开始计时,到回到接收器停止。计时器记录了光束从发射、飞行、遇到待测物体,再到反射、飞行、返回激光雷达接收器的全部时间。

从测量距离、采样率、精度等多方面分析三角激光雷达和TOF激光雷达性能:

在测量距离方面,TOF激光雷达相比三角激光雷达具有更远的测量距离,因此在一些特定要求测距的场合中,多数会选择使用TOF激光雷达。这主要是因为:一是在三角测距时,随着目标物体距离的增加,反射光在线阵CCD上的位置差距会逐渐减小,以至于在超过某个极限距离后,线阵CCD将难以准确分辨;二是三角测距在保证较高信噪比方面存在困难。

在采样率方面,激光雷达在描绘环境时输出的是点云图像,每秒能够扫描的点云数据测量次数即为其采样率。在采样量一定的情况下,采样率决定了每一帧图像的点云输出量,同时也影响着角分辨率。通常来说,TOF激光雷达能够实现更高的采样率,并且具有更快的响应时间。在精度方面,激光雷达的本质是用于测距的,因此距离测量的精度是衡量雷达性能是否达标的核心指标。三角激光雷达在近距离时具有高精度,但随着测量距离的增加,其精度会大幅下降。相比之下,TOF激光雷达通过测量激光脉冲的飞行时间差来确定距离,这一时间差值并不会因距离的增加而产生明显变化,因此在长距离测量中能保持较高的精度。

综上所述,在近距离测量时,三角激光雷达的精度确实会比TOF激光雷达更高。

(4)LOAM算法地图构建

LOAM算法是目前比较流行的基于特征进行地图构建的算法。其基本思想是将激光SLAM分成激光里程计算法和地图构建算法,基于对点云的线性和面性特征提取来进行点到线和点到面的特征配准,因此便能得到实时高精度的激光里程计和地图构建结果。

LOAM算法主要包括4个节点:点云提取(Scan Registration)、激光雷达里程计(Lidar Odometry)、激光雷达建图(Lidar Mapping)和位姿集成(Transform Integration)。

根据节点的曲率c,节点可划分为不同的类别(边/面特征或其他特征)。在每一个Sweep(帧数据)中,根据曲率对点进行排序,以此作为评价局部表面平滑性的标准。

LOAM算法选用特征点来进行运动估计。特征点一般选取角点(Edge Point)和平面点(Planar Point)。试验数据表明,大部分点云都是平面点,边线点起到的约束作用较小。

多次扫描完成会得到一个非失真的点云和一个姿态变换。如图5.15所示,在世界坐标系

$\{W\}$中进行点云的匹配,定义 Q_k 为地图上 k 帧扫描结束后累计的点云数据,T_k^W 为 k 扫描结束时刻雷达的姿态,经过地图构建得到 t_{k+2} 特定时刻的雷达姿态 T_{k+1}^W。将非失真点云数据映射到世界坐标系得到 Q_{k+1},通过将 Q_{k+1} 点云和 Q_k 点云配准使得雷达姿态 T_{k+1}^W 得到纠正。通过纠正 T_k^W 和 T_{k+1}^W,失真后的点云数据就被映射到地图上了。

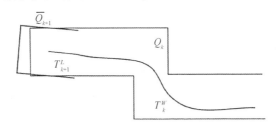

图 5.15　LOAM 算法配准过程示意图

考虑到扫描误差累计的逐渐增大,为保证准确性和实时性,在原有 LOAM 算法基础上进行二次开发并加入特征点筛选的步骤,即不断将新的点云保存到全局地图而重新定位,不再向这两个数组累积,而是在一开始就从硬盘中读取先验地图文件,把内容放到这两个数组中。经过二次开发的 LOAM 算法,能够更好地解决原 LOAM 算法中出现不断累积的地图误差问题,大大提高了地图构建的精确度和定位的准确性,即改进后的 LOAM 算法能够有效地缓解上述问题,效果良好。

5.5.3　结论

通过系统梳理与归纳国内外靠泊辅助系统的相关文献,本节对比分析了不同系统中船位探测技术及靠离泊核心技术的性能特点与研究现状,重点阐述了船舶定位、姿态解算、环境感知等关键算法及其工程实现路径。基于技术前沿视角,本节进一步展望了靠泊辅助系统的发展趋势:随着多源感知技术融合与智能控制理论的发展,船舶定位与姿态测定精度将持续提升,为港口自主导航、动态避碰及自动靠泊控制提供技术支撑。当前,自动靠泊控制理论已进入深度探索阶段,随着数字孪生仿真平台与实船测试数据的积累,相关技术瓶颈有望突破,最终推动智能靠泊系统在工程实践中的规模化应用。

5.6　船舶航迹保持控制研究

5.6.1　船舶航迹保持控制概述

船舶航迹保持控制是指在控制系统的驱动下,船舶从任意初始位置驶入预先规划好的航线,并沿此航线最终抵达目的地。由于船舶航行的动力数小于船舶自由度,所以船舶航迹保持控制属于欠驱动控制。根据跟踪状态偏差与时间的关系,航迹跟踪可分为轨迹跟踪(Trajectory

Tracking,TT)和路径跟踪(Path Following,PF)两大类。按船舶航迹线的几何形状,船舶航迹保持控制可分为直线航迹保持控制和曲线航迹保持控制。两种控制方式的控制对象相同,无本质上的区别,但控制器的设计截然不同。直线航迹保持控制是对系统位于平衡点附近的较小邻域进行的航迹镇定控制,可以忽略船舶的横向漂移运动,在特定的条件下能够满足直线航迹保持控制的要求即可。而曲线航迹保持控制则不能忽略横向漂移运动,其需要考虑船舶各个方向的运动情况。船舶航迹保持控制按设计方式的不同还可分为间接航迹保持控制和直接航迹保持控制。间接航迹保持控制可理解为是基于航向控制基础上的一种航迹保持控制方式。它将航迹保持控制问题看成是一系列的航向保持与变航向跟踪。而直接航迹保持控制通常建立了舵角、航迹偏差及偏航角速度等状态变量之间的关系,通过操纵控制舵角实现最终航迹保持控制。

目前,海上航行的大多数船舶(仅装备螺旋桨主推进器和舵装置用以推进和操纵)是典型的欠驱动系统。基于控制理论,利用船舶螺旋桨和舵装置改变船舶航速和航向,使得船舶精确地航行在期望路径上,称为船舶航迹保持控制。目前,对航迹保持控制的研究包括但不限于:考虑外界环境干扰和船舶未建模动态特性的影响,有限时间内对船舶进行控制,减少舵机的操作频率等。为了解决以上难题,滑模控制、模糊控制、自适应控制、反步法、事件触发、观测器等控制技术被应用于相关研究中。

本节主要研究的是基于观测器的船舶航迹保持控制研究。根据系统的外部变量(输入变量和输出变量)的实测值得出状态变量估计值的一类动态系统,也被称为状态观测器。状态观测器的出现,不但为状态反馈的技术实现提供了实际可能性,而且在控制工程的许多方面也得到了实际应用,例如复制扰动以实现对扰动的完全补偿等。采用非奇异快速终端滑模(NFTSM)和有限时间干扰观测器(FDO)技术,建立了一种有限时间控制方案,解决了复杂海洋环境干扰下船舶的精确轨迹跟踪问题。针对欠驱动船舶航迹跟踪控制问题,考虑船舶动态不确定性、未知时变外部扰动和速度不可测的情况,将输出重定义方法和扩张状态观测(ESO)与动态逆控制方法相结合,设计欠驱动船舶航迹跟踪控制律。针对欠驱动水面船舶的航迹跟踪控制问题,考虑船舶模型参数不确定及海洋环境扰动的干扰,基于扰动观测器提出一种改进的鲁棒航迹跟踪控制器。参数估计法能够对船舶模型参数摄动的上界进行估计。通过对海洋环境扰动的状态进行重构,能够实现对外界干扰的精确观测。将模型参数的摄动视为一种模型内部的扰动,利用非线性扰动观测器在线估计时变干扰,在控制器中添加等量的补偿,实现抑制干扰的目的。

5.6.2 船舶航迹保持控制策略的研究现状

在船舶航迹保持控制的研究中,反步法能够通过递归地构造闭环系统的李雅普诺夫函数来获得反馈控制器,并通过选取合适的控制律,确保船舶控制闭环系统轨迹的有界性,以及使其收敛到平衡点。因此,反步法在船舶航迹保持控制中受到了广泛的关注。自适应反步设计方法将反步法的快速趋近律与自适应神经网络事件驱动控制器相结合,可在实现有限时间内收敛误差到零的同时提高跟踪误差的收敛速度,解决欠驱动船舶在非线性动态下的航迹跟踪问题。针对普通的控制方法没有涉及环境干扰和船舶的模型摄动等方面的影响,进一步利用径向基神经网络去估计和补偿系统内部的干扰,可改进积分型船舶反步自适应滑模控制方法并将改进后的控制方法运用在船舶控制系统中。基于船舶运动的 Norbbin 非线性数学模型和李雅普诺夫稳定性理论在闭环控制系统中的应用,构建新型滑模控制方法,并和反步法相结合,在扰动界已知的前提下设计一种反步滑模控制器,能够实现准确的船舶航迹保持控制。

但是,反步法的使用容易引起虚拟控制律的反复求导,从而导致整个控制系统的计算量膨胀。为了解决这一问题,有限时间指令滤波反推法引入了一阶滑模微分器去计算虚拟控制律的导数,大大减少了控制设计的计算量。在应对输入饱和情况下的欠驱动船舶路径跟踪问题时,通过使用神经网络和动态面控制方法构建鲁棒的控制策略,能够避免传统反推法引起的计算量膨胀问题以及处理模型的不确定性问题。基于反推策略可建立船舶直线航迹保持控制方案,并在设计反推航行控制器时将系统作为两个相对阶为 2 的子模型进行处理,能够提高运算效率并降低算法设计的复杂度。

5.6.3 基于二阶非线性扩张的船舶航迹保持控制策略

本节对传统扩张状态观测器进行了改进。船舶二阶非线性系统如下式所示:

$$
\begin{cases}
\dot{\psi} = r \\
\dot{r} = f(r) + b\delta + w(t) \\
u = \delta \\
y = \psi
\end{cases}
\tag{5.1}
$$

式(5.1)为期望船艏向角跟踪控制数学方程,其中,δ 为舵角,系统输入;ψ 为期望船艏向角,系统输出;r 为艏向角转艏角速度。

式(5.1)扩张成如下状态空间形式:

$$
\begin{cases}
\dot{x}_1 = x_2 \\
\dot{x}_2 = x_3 + bu(t) \\
\dot{x}_3 = c \\
y = \psi
\end{cases}
\tag{5.2}
$$

其中,$x_1 = \psi$,$x_2 = r$,x_3 为扩张状态观测器对系统内部和外部总扰动之和的估计值,即 $x_3 = h = f(r) + w(t)$,h 可微且 $\dot{h} = c$。

可得式(5.2)的线性扩张状态观测器为

$$
\begin{cases}
\dot{z}_1 = z_2 - l_1 e \\
\dot{z}_2 = z_3 - l_2 e + bu \\
\dot{z}_3 = -l_3 e \\
e = z_1 - x_1
\end{cases}
\tag{5.3}
$$

其中,$z = [z_1, z_2, z_3]^{\mathrm{T}}$ 为该线性扩张状态观测器对式(5.2)中 $x = [x_1, x_2, x_3]^{\mathrm{T}}$ 的估计值,$L =$

$[l_1, l_2, l_3]$ 为该线性扩张状态观测器的增益矢量。

根据偏差控制原理可知,线性扩张状态观测器对 z_1、z_2、z_3 的调节是通过控制它们的导数实现的,控制依据是 z_1 与 x_1 的偏差 e。在 z_1 实时跟踪 x_1 的过程结束之后,偏差 e 值变小将会增加线性扩张状态观测器对 z_2、z_3 的控制难度。继续使用 z_1 与 x_1 的偏差 e 作为 z_2、z_3 的控制依据,会降低观测器的观测精度,进而影响控制器的控制精度。因此,需寻找合适的偏差来替代原有的偏差 e 进行 z_2、z_3 的导数的调节。

由式(5.3)得

$$\begin{cases} z_1 = x_1 + e \\ \dot{z}_2 = \dot{z}_1 + l_1 e \\ \dot{z}_3 = \dot{z}_2 + l_2 e - bu \end{cases} \tag{5.4}$$

对式(5.4)整理后可得

$$\begin{cases} z_1 = x_1 + e \\ z_2 = x_2 + \dot{e} + l_1 e \\ z_3 = x_3 + \ddot{e} + l_1 \dot{e} + l_2 e - bu \end{cases} \tag{5.5}$$

根据式(5.5)可知,在通过 z_1 与 x_1 之间的偏差 e 来调节 z_1 的导数时,$z_2 - x_2 = \dot{e} + l_1 e$,$z_3 - x_3 = \ddot{e} + l_1 \dot{e} + l_2 e - bu$。因此可利用 z_2 与 x_2 的偏差以及 z_3 与 x_3 的偏差对式(5.3)进行改进

$$\begin{cases} \dot{z}_1 = z_2 - l_1 e \\ \dot{z}_2 = z_3 - l_2(\dot{e} + l_1 e) + bu \\ \dot{z}_3 = -l_3(\ddot{e} + l_1 \dot{e} + l_2 e) \\ e = z_1 - x_1 \end{cases} \tag{5.6}$$

根据式(5.2)的阶数及赫尔维茨矩阵判据知

$$\boldsymbol{L} = [3\omega_0, 3\omega_0^{\,2}, \omega_0^{\,3}]^{\mathrm{T}} \tag{5.7}$$

其中,ω_0 表示该线性扩张状态观测器带宽,$\omega_0 > 0$。选择合适的 ω_0 可得到 ψ、r、h 较为精确的估计值,即 $z_1 \rightarrow \psi$,$z_2 \rightarrow r$,$z_3 \rightarrow h$。

为验证改进型线性扩张状态观测器的优越性,需对两种观测器的观测误差进行分析比较。

(1)传统型线性扩张状态观测器误差分析

对于传统线性扩张状态观测器,各状态变量的观测值与实际值之间的偏差为:$e_1 = z_1 - x_1$,$e_2 = z_2 - x_2$,$e_3 = z_3 - x_3$,由式(5.3)可得

$$\begin{cases} \dot{e}_1 = e_2 - l_1 e_1 \\ \dot{e}_2 = e_3 - l_2 e_1 \\ \dot{e}_3 = -l_3 e_1 - c \end{cases} \tag{5.8}$$

令 $X_1 = e_1$,$X_2 = e_2 - l_1 e_1$,$X_3 = e_3 - (l_2 - l_1^2) e_1 - l_1 e_2$,则可得误差系统为:

$$\begin{cases} \dot{X}_1 = X_2 \\ \dot{X}_2 = X_3 \\ \dot{X}_3 = -l_1 X_3 - l_2 X_2 - l_3 X_1 - c \end{cases} \tag{5.9}$$

当 $c = 0$ 时,式(5.9)的特征方程为:

$$\lambda^3 + l_1 \lambda^2 + l_2 \lambda + l_3 = 0 \tag{5.10}$$

根据赫尔维茨矩阵知,式(5.10)全部特征根均具有负实部的充要条件为 $l_1 > 0$、$l_3 > 0$、$l_1 l_2 > l_3$,根据式(5.3)易知,所有充要条件均成立,故式(5.9)所示系统零解是全局渐近稳定的。

当 $c \neq 0$ 时,式(5.8)所示系统存在稳态误差,令 $|c| \leqslant b$,$b > 0$ 为常数,则系统达到稳态时有

$$\begin{cases} \dot{X}_1 = X_2 = 0 \\ \dot{X}_2 = X_3 = 0 \\ \dot{X}_3 = -l_1 X_3 - l_2 X_2 - l_3 X_1 - c = 0 \end{cases} \tag{5.11}$$

根据式(5.11),可计算偏差

$$|e_1| \leqslant \frac{b}{l_3} \tag{5.12}$$

$$|e_2| \leqslant \frac{l_1 b}{l_3} \tag{5.13}$$

$$|e_3| \leqslant \frac{l_2 b}{l_3} \tag{5.14}$$

(2)改进型线性扩张状态观测器误差分析

对于改进型线性扩张状态观测器,各状态变量的观测值与实际值之间的偏差为:$e_1 = z_1 - x_1$,$e_2 = z_2 - x_2$,$e_3 = z_3 - x_3$,由式(5.3)可得

$$\begin{cases} \dot{e}_1 = e_2 - l_1 e_1 \\ \dot{e}_2 = e_3 - l_2 e_2 \\ \dot{e}_3 = -l_3 e_3 - c \end{cases} \tag{5.15}$$

令 $Y_1 = e_1$,$Y_2 = e_2 - l_1 e_1$,$Y_3 = e_3 - (l_2 + l_1)e_2 - l_1^2 e_1$,则可得误差系统为:

$$\begin{cases} \dot{Y}_1 = Y_2 \\ \dot{Y}_2 = Y_3 \\ \dot{Y}_3 = -(l_1 + l_2 + l_3)Y_3 - (l_1 l_2 + l_1 l_3 + l_2 l_3)Y_2 - l_1 l_2 l_3 Y_1 - c \end{cases} \tag{5.16}$$

令 $a_1 = l_1 + l_2 + l_3$,$a_2 = l_1 l_2 + l_1 l_3 + l_2 l_3$,$a_3 = l_1 l_2 l_3$。

当 $c = 0$ 时,式(5.16)的特征方程为

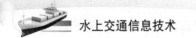

$$\lambda^3 + a_1\lambda^2 + a_2\lambda + a_3 = 0 \tag{5.17}$$

根据赫尔维茨矩阵知,式(5.17)全部特征根均具有负实部的充要条件为 $a_1 > 0$, $a_3 > 0$, $a_1a_2 > a_3$,根据式(5.3)易知,所有充要条件均成立,故式(5.16)所示系统零解是全局渐近稳定的。

当 $c \neq 0$ 时,式(5.16)所示系统存在稳态误差,令 $|c| \leqslant b$, $b > 0$ 为常数,则系统达到稳态时有

$$\begin{cases} \dot{Y}_1 = Y_2 = 0 \\ \dot{Y}_2 = Y_3 = 0 \\ \dot{Y}_3 = -(l_1 + l_2 + l_3)Y_3 - (l_1l_2 + l_1l_3 + l_2l_3)Y_2 - l_1l_2l_3Y_1 - c = 0 \end{cases} \tag{5.18}$$

根据式(5.18),可计算偏差

$$|e_1| \leqslant \frac{b}{l_1l_2l_3} \tag{5.19}$$

$$|e_2| \leqslant \frac{b}{l_2l_3} \tag{5.20}$$

$$|e_3| \leqslant \frac{b}{l_3} \tag{5.21}$$

分别将式(5.12)与式(5.19)、式(5.13)与式(5.20)、式(5.14)与式(5.21)对比,可知当两种观测器的系数取值相同时,改进型线性扩张状态观测器稳态误差明显小于传统型线性扩张状态观测器稳态误差,故使用改进型线性扩张状态观测器能够提高观测精度并快速准确地估计扰动,进一步提高自抗扰控制系统的运行性能。

5.6.4 基于反步法的船舶航迹保持控制研究

基于低通滤波器的反推法,优化了反步控制,能够避免反步法中产生的计算量膨胀问题。首先考虑船舶二阶非线性航迹运动模型:

$$\begin{cases} \dot{x} = u\cos\psi - v\sin\psi \\ \dot{y} = u\sin\psi + v\cos\psi \\ \dot{\psi} = r \\ \dot{r} = -a_1r - a_2r^3 + b\delta + w \\ \dot{\delta} = K_E(\delta_E - \delta)/T_E \end{cases} \tag{5.22}$$

式中,x 和 y 分别表示船舶在空间固体坐标系当中的横向和纵向位置;u 和 v 分别表示船舶的纵向速度和横移速度;ψ 为航向角;r 为转艏角速度;w 为系统所受的外部扰动;$a_1 = -1/T$;$a_2 = a/T$,a 为已知常数;b 为控制增益,$b = \dfrac{K}{T}$,K、T 为船舶的操纵性指数;δ 为实际舵角;K_E 为舵机增益系数;T_E 为时间系数;δ_E 为指令舵角。

考虑闭环系统 1 的第 1 个子系统：$\dot{\psi} = r$，定义子系统 1 的状态跟踪误差为 $e_1 = \psi - \psi_d$，对其求导得：

$$\dot{e}_1 = \dot{\psi} - \dot{\psi}_d = r - \dot{\psi}_d \tag{5.23}$$

选择 α_1 为第 1 步的虚拟控制量，$c_1 > 0$ 为待设计参数，设计虚拟控制量 α_1 为

$$\alpha_1 = -c_1 e_1 + \dot{\psi}_d \tag{5.24}$$

定义 $\bar{\alpha}_1 = -c_1 e_1 + \dot{\psi}_d$，取 α_1 为 $\bar{\alpha}_1$ 的低通滤波器 $\dfrac{1}{\tau s + 1}$ 的输出，并满足：

$$\begin{cases} \tau \dot{\alpha}_1 + \alpha_1 = \bar{\alpha}_1 \\ \alpha_1(0) = \bar{\alpha}_1(0) \end{cases} \tag{5.25}$$

式（5.25）中，τ 为滤波器常数，所产生的滤波误差为：

$$L = \alpha_1 - \bar{\alpha}_1 \tag{5.26}$$

对式（5.24）求导并结合式（5.25）可得：

$$\dot{L} = -\frac{L}{\tau} + \dot{\bar{\alpha}}_1 \tag{5.27}$$

由于子系统 1 中的状态变量及其导数是有界的，定义一个非负的连续函数 η，使得 $|\dot{\bar{\alpha}}_1| \leqslant \eta$，则：

$$L\dot{L} = -\frac{L^2}{\tau} + L\dot{\bar{\alpha}}_1 \leqslant -\frac{L^2}{\tau} + L|\eta| \tag{5.28}$$

定义第 2 个子系统：r 的状态跟踪误差为 $e_2 = r - \alpha_1$，则 e_1 的导数变为：

$$\dot{e}_1 = e_2 + \alpha_1 - \dot{\psi}_d = -c_1 e_1 + e_2 \tag{5.29}$$

定义子系统 1 的李雅普诺夫函数为：

$$V_1 = \frac{1}{2}e_1^2 + \frac{1}{2}L^2 \tag{5.30}$$

对 V_1 求导可得：

$$\dot{V}_1 = e_1\dot{e}_1 + L\dot{L} = -c_1 e_1^2 + e_1 e_2 + L\dot{L} = -c_1 e_1^2 + e_1 e_2 - \frac{L^2}{\tau} + L\dot{\bar{\alpha}}_1 \tag{5.31}$$

由杨氏不等式 $ab < \dfrac{a^2}{2} + \dfrac{b^2}{2}$ 可得：

$$L|\eta| \leqslant L^2 + \frac{\eta^2}{4} \tag{5.32}$$

则子系统 1 的李雅普诺夫函数满足：

$$\dot{V}_1 \leqslant -c_1 e_1^2 + e_1 e_2 + L\dot{L} \leqslant -c_1 e_1^2 + e_1 e_2 - \frac{L^2}{\tau} + L^2 + \frac{\eta^2}{4} \tag{5.33}$$

当 e_2 收敛至 0 时，系统状态满足半全局有界一致性条件，子系统 1 稳定。

使用李雅普诺夫函数，证明了基于低通滤波器反步法的稳定性，但是在参数方面还有待确定及优化，所以未来的研究方向是设计出合理、可靠的参数，从而达到期望的控制目标。

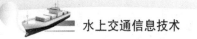

5.6.5　风流下的航迹保持控制

通常情况下,研究船舶的运动需考虑 3 个自由度的运动,即进退、横移、艏摇运动。普通船(未安装侧推器的船舶)凭借螺旋桨的推力和舵的转船力矩分别控制其进退和艏摇运动,其运动系统的控制输入量少于其需要控制的运动自由度数量,即普通船舶多为欠驱动系统。普通船具有船舶运动模型参数不确定和非线性强等特点,加上外界风、浪、流的干扰,其航迹保持控制器设计比较困难。近年来,对于船舶航迹跟踪控制问题,国内外研究人员取得了诸多成果。滑模控制、模糊控制、自适应控制、反步法和事件触发等技术被应用于相关研究中。

为实现欠驱动水面船舶在内部动态不确定和外界风流干扰情况下的航迹跟踪控制,首先构造能够使航迹偏差收敛的艏向角的跟踪方程,然后将航迹保持控制转化为实际艏向跟踪期望艏向的航向控制问题。应用自抗扰控制技术设计自抗扰航迹跟踪控制器,解决了恒定风流干扰造成的船舶横漂问题。应用非线性水动力模型进行仿真的结果表明,控制器能够实现欠驱动船舶对直线和曲线路径的精确跟踪,且具有较强的鲁棒性。船舶动态具有大惯性、大时滞、非线性等特点,并且受模型参数摄动以及船舶运动中外界干扰的影响,使得完全基于模型的控制方法难以实现。同时,欠驱动水面船舶横向上未装备驱动装置,缺少可用的控制输入,船舶受风流作用后,会出现横向漂移。为保证船舶沿设计航线航行,必须预留风流压差角。大风浪给船舶操纵带来一定的困难。为了保证船舶在大风浪中的航行安全,首先必须了解风浪和船舶在风浪中的运动,然后针对风浪对船舶作用的规律采取正确的操船措施,方能达到安全的目的。大风浪中操船涉及的因素很多,情况比较复杂。

波浪的要素:波浪是水质点在外力作用下所形成的波动运动。在深水中,波浪的水质点以一定的速度做轨圆运动,其波形以某一速度传播出去,而水质点并不随波形移动。水质点的轨圆运动方向,当处于波峰时与波的传播方向相同,当处于波谷时则与波的传播方向相反。这种波的波峰比较陡峭,波谷比较平坦,因此称为坦谷波。波浪的大小与风力、风时以及海区的广度、深度有关。经观测统计表明,其中有 1/10 波的波高是平均波高的 2 倍,被称为最大波高;有 1/3 的波高是平均波高的 1/6 倍,被称为三一平均波高或有义波高。船员在海上目测的波高很接近有义波高。有义波高的 1/3 可以用来确定最大有义波的波长和最大能量波的波长。

当波浪从深海向浅海岸接近时,由于水质点的垂直移动受阻,水质点的运动轨迹将由圆形变为椭圆。同时,回转运动与海底之间的摩擦阻力使波速降低。在浅水域中,波速随水深变化,但波浪的周期不变。因此,当波速减小时,波长变短,波高增大,而且海岸的倾斜越急,这种变化越剧烈。此外,波谷与海底的摩擦部分的行进速度变缓,而波峰的行进较快,使波峰向前卷起,同时在行进中破碎。这种波浪被俗称为开花浪,对船舶的冲击力较大。从大海远处袭来的大浪与本海区相反方向的波浪相遇,或袭来的波与该处的反射波相互干扰,形成合成波。它的速度变得很小,而波高可能增加 1 倍。这种浪被称为三角浪,对小型船舶危害很大。风浪的变化,使所产生的 2 个不同方向的波浪形成某一交角,就会发生波高作周期性变化的群波。海上经常遇到的周期性 3 个或 5 个大浪,随后又出现几个小浪的群波。通过仔细观察,掌握住海浪的这个规律,就能选择在较小的波浪时进行较为有利的操纵。

风浪中的船舶摇摆:船舶在波浪中的摇摆运动,是波浪的强迫摇摆和船舶本身固有的摇摆相结合的复合运动。这种摇摆运动由于受到水阻力的阻尼作用,因而是逐渐衰减的。摇摆的强度取决于波面角的陡度、波浪周期、船舶本身摇摆周期与船舶尺度和波浪的比例关系。对船舶安全有威胁的摇摆是横摇、纵摇和垂荡。

跟踪控制主要有路径跟踪和轨迹跟踪。路径跟踪不依赖于时间信息,只需满足几何空间的条件约束;而轨迹跟踪依赖于期望轨迹的时间信息。船舶大洋航行中海洋环境复杂多变,要求船舶在指定时间到达指定地点,将会增加船舶主机伺服系统的压力,造成执行机构饱和等问题;而且船舶大洋航行中一般不严苛地要求在确定的时间到达确定的地点,只要保证沿着期望的路径航行即可。考虑漂角可测,基于已有 LOS 制导,提出了改进 LOS(Improved LOS,IMLOS)制导方法。应用积分滑模、动态面和自适应控制方法,提出了基于 IMLOS 得到滑模动态面自适应控制机制。动态面技术可以有效避免对设计的虚拟控制律进行高阶求导的问题,使控制系统计算简化。针对受到参数摄动和时变干扰的问题,通过引入幂次趋近律的积分滑模和包含双曲正切函数的自适应律设计方法,提出了基于 IMLOS 的积分滑模自适应控制机制。幂次趋近律的积分滑模能够有效地处理由于滑模面不断切换而造成的抖振问题。针对船舶横向位置误差和纵向速度误差对 IMLOS 制导路径跟踪效果的影响,提出了速变 LOS(Velocity-based LOS,VLOS)制导律设计方法。针对存在由船舶模型未建模动态和建模误差组成的混合不确定项和执行器(螺旋桨或喷水推进器和舵)饱和的问题,通过采用自适应控制和设计辅助动态系统的方法,提出基于 VLOS 的逆推自适应控制机制。设计的辅助动态系统能够有效地补偿系统控制输入饱和的问题,而且设计的自适应律能够有效地辅助控制律完成控制目标。针对无人船存在外界时变环境干扰和输入受限的问题,提出基于 VLOS 和有限时间干扰观测器的路径跟踪控制机制。有限时间干扰观测器能够对船舶受到的外界干扰进行准确的估计,从而在控制律中对干扰进行有效补偿;设计的辅助动态系统实现了对系统输入饱和值的有效补偿,而且完成对期望路径的有效跟踪,同时满足系统的最大控制输入幅值限制。

然而,在 Fudide-Krylov 假设条件下,依据船舶分离建模理论,在固定和运动坐标系中计算海面船舶六自由度的运动数学模型,主要是对风、浪、流的单独建模并进行矢量叠加,然后在风、浪、流联合作用下对船舶六自由度运动构建简化的数学建模,完成实时仿真。基于 Simulink 和 V-Realm Builder 虚拟现实技术创建船舶运动模型、海洋表面环境及船只的几何模型,对船舶六自由度运动进行视景仿真,给出有风无浪、有浪无风和风浪兼有三种情况下船只旋回路径和船舶运动轨迹。在 VR 视景浏览器中创建动态海面上船舶六自由度运动模型,不仅易于实现,而且结果逼真,得到的结果为进一步研究动态船只目标声散射特性的精确预报提供了基础。

目前,船舶航迹保持控制研究的问题集中于对外界干扰和船舶未建模动态、有限时间的控制,输入饱和影响,以及减小执行器动作频率。但是,上述研究主要集中在理论层面上,没有考虑航海实践问题,如正常航行船舶速度一般不会随意改变,大舵角输出会造成船舶横倾而危及船舶安全。未来研究可以考虑定速、较小横倾角的船舶航迹保持控制。

5.7 全球导航卫星系统反射信号(GNSS-R)研究及应用

我国是一个临海大国,海洋国土面积约为 300 万平方千米。我国的临海面积约占陆地面积

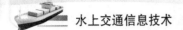

水上交通信息技术

的三分之一。全球海洋面积约占地球面积的十分之七。近海航行、海洋灾难预警、远洋及极地航行等都需要精准的海洋状态信息,船舶航行信息感知技术是保障海上交通安全的关键技术之一,对海洋环境信息感知具有重大意义。

传统的海上信息获取主要是利用散射仪、SAR、雷达高度计等主动观测手段。散射仪是专门用于测量海洋表面风速而设计的仪器。该仪器主要是利用后向散射的雷达截面并将其与风速建立模型函数从而实现风速测量。散射仪通常使用的电磁波波长在 2~5 cm,该波长范围内信号的后向散射对风速引起的微尺度毛细管波十分敏感。但是,对于强降水的天气状况来说,海面波浪已经破碎,覆盖海面的泡沫使后向散射系数降低,给散射仪的风速反演带来巨大的挑战。雷达高度计通过搭载在海洋卫星上,连续发射雷达脉冲,并利用海面返回回波信号,实现海洋信息数据的获取。但是,它由于是垂直探测的遥感方式,会被约束在一个方位进行观测,因此空间覆盖范围较小。

目前,这些传统探测手段都存在着不同程度的局限性,数据量小且造价成本高,空间和时间分辨率有限,缺乏系统性和完整性。但随着全球导航卫星系统(Global Navigation Satellite System,GNSS)的发展,基于全球卫星导航系统反射信号(GNSS Reflectometry,GNSS-R)的新型遥感技术逐步发展起来。

全球导航卫星系统主要包括中国的 BDS、美国的 GPS、俄罗斯的 GLONASS 和欧洲的 Galileo。20 世纪 90 年代,GNSS 已经可以为用户提供授时信息和高精度导航定位服务。目前,针对卫星导航的相关研究产业已经在国内外取得显著成果,空间卫星导航系统的建设和完善已成为各个国家发展战略层面上的首要任务和高端科技制高点。卫星导航定位技术及其衍生产品已经应用到了移动目标导航定位、突发状况应急救援、工程环境测量、航天探测器研发和无线组网通信等诸多领域。随着对 GNSS 研究的深入,GNSS 除了具有能够为用户提供导航定位信息、测速、授时等功能外,还可以提供时间分辨率的 L 波段信号,由此开辟了一个新的研究领域。人们把基于 GNSS 反射信号的遥感技术,简称为全球导航卫星系统反射信号遥感技术。

GNSS 是空间科学技术发展以来具有划时代意义的技术之一,也是对人类生活影响最大、最有实用价值的技术成果之一。GNSS 的飞速发展已经与我们的日常生活息息相关,除了为空间用户提供导航定位和精确授时信息外,还能够提供相对稳定且可长期使用的 L 波段免费微波信号资源。在测绘、地震监测、地质勘察、海上和沙漠中的石油开发、渔业、土建工程、考古发掘、冰山跟踪、搜索与救援、资源调查、森林和山地旅游、智能交通以及军事领域内的导弹制导等诸多方面,卫星导航系统均有着大量广泛的应用。凡是和地质、海洋、气象、航天等相关的领域,基本都会有 GNSS 的身影,它已经成为世界上发展最快的三大信息产业之一。

5.7.1　GNSS-R 发展历程

全球导航卫星系统最早可追溯至 1958 年,美国海军和霍普金斯大学合作开展了海军导航卫星系统(Navy Navigation Satellite System,NNSS)的研制,用于修正北极星核动力潜艇的惯导系统。在此基础上,GNSS 系统经过半个多世纪的研究和发展,目前已经成为现代空间技术、无线电通信技术和计算机技术等多学科领域相结合的产物。

全球导航卫星系统经过数十年的发展,提供的定位导航等服务已广泛应用到人类活动中,并扮演着不可或缺的角色。关于 GNSS 反射信号的反演研究最早可追溯至 1993 年,欧空局提出了利用海面散射信号进行海面高度测量的 PARIS(Passive Reflectometry and Interferometry System)设想。其核心理念是将 GPS 海面反射信号作为测距信息,通过测量直射信号与反射信号时间差来确定海面高度。不同于传统雷达测高,GNSS-R 接收机可以同时捕获多个反射信号,因此该技术在时空分辨率上拥有显著的优势。

1994 年,在美国导航学会(Institute of Navigation,ION)卫星分部第七届技术交流会上,法国科学家首次宣布了在机载实验期间,他们成功探测到了来自海面及陆地散射的 GPS 反射信号。因此,于 1997 年,他们研制出一种具备 12 通道 GEC-Plessey 软件接收机。该接收机包括 6 个直射通道和 6 个反射通道,提高了反射信号的捕获质量,并且经过 5 次机载试验,发现 GPS 反射信号的相关函数与反射介质的表面特性有着密切的关系,初步奠定了机载 GNSS-R 平台进行海洋环境信息反演的理论和试验基础。随后,基于 GNSS-R 技术的星载试验及相关研究也在世界各国得到了积极的开展。例如,萨里卫星技术有限公司的英国灾害监测卫星 UK-DMC,于 2003 年10 月完成发射,并搭载了 GNSS-R 载荷进行星载试验。UK-DMC 的高度约为 680 km,天底天线在沿轨道方向和横向方向的 3 dB 覆盖视场分别为 $28° × 70°$,覆盖地球面积约为 $200 × 1 000 \ km^2$,完成了对海洋表面、陆地、雪以及海冰的散射信号测量。同时,UK-DMC 配置有 1 个1 GB 大小的高容量固态数据记录器,以保存散射信号的测量结果。此外,UK-DMC 卫星试验也是第一个成功提供有效 GNSS-R 数据的试验,验证了利用星载 GNSS-R 进行海洋遥感的可行性。

2005 年,美国针对 GPS 弱反射信号引起的检测能力不足的问题,研制出一种双 GPS 接收机模式。它采用 109 单元的 GPS 天线阵列和数字波束导向,能够实现 20 dB 的功率增益。2006年,美国科罗拉多大学对 GNSS 的二次反射信号进行了采集实验,得出了关于二次反射信号与直射信号的时间延迟信息与距离信息的数据关系。2008 年,对比分析反演海面 MSS 的几种模型,将 UK-DMC 卫星测量得到的海面时延多普勒图像(Delay Doppler Map,DDM)与利用 Z-V 模型仿真得到 DDM 进行对比。结果表明,DDM 图形形状完全匹配,验证了 Z-V 模型的正确性,同时指出了存在的 2 个问题:一方面,不能准确得到 GPS 发射功率及 UK-DMC 的自动增益控制而导致的功率值偏差;另一方面,实际信号的传播过程中的不可预知的时延、多普勒影响因子以及其他散射机制的影响,造成 DDM 图像中具有水平条形噪声。

2011 年,加拿大将 DDM 二维相关功率图像采用反卷积的方法,从时延多普勒域转换到物理域,得到海面散射系数二维图像,验证了利用 GNSS 反射信号进行海面溢油探测的可行性。UK-DMC 卫星于 2011 年 11 月退役,但是带动了更多星载 GNSS-R 试验的开展。

2014 年,继 UK-DMC 试验之后,萨里卫星技术有限公司发射的 TechDemoSat-1(TDS-1)卫星成为新的星基搭载平台。该卫星上装有 8 个有效载荷(不能同时连续运行,而是以 8 天为运行总周期分别分配给有效载荷特定的天数),重量接近 160 kg,能够在平均轨道功率为 52 W 的轨道上运行。它具有 S 波段和 X 波段双波段的下行链路,并且能够支持高达 400 MB/s 的下行速度。TDS-1 卫星具有四轮回转敏捷性,以及装备了新一代陀螺仪、磁力计和扭矩杆。此外,这颗卫星专门配备了新的空间 GNSS 接收机遥感仪器(Space GNSS Receiver Remote Sensing Instrument,SGR-ReSI)进行 GNSS-R 数据采集,能够同时接收 GPS L1 和 L2C 信号,并且可以存储高达128 GB 的有效载荷数据,获得大量的更进一步的 GNSS 反射信号测量数据来进行科学研究,探究海况反演的潜力。

2016 年,NASA 实施了旋风全球导航卫星系统(Cyclone Global Navigation Satellite System,

CYGNSS)任务。CYGNSS 由 8 颗低轨卫星组成,其中每颗卫星都装置有 1 个右旋圆极化天线,以实现对 GPS 卫星直射信号的捕获;另外,卫星上还配有 2 个左旋圆极化天线,来接收反射介质(如海面、陆地等)上散射的 GPS 卫星信号。同样,在载荷方面,每颗卫星也均配备了升级版的 SGR-ReSI。CYGNSS 可以实现对全球经度区的覆盖,在纬度方面可以大约覆盖到 ±40° 的区域,主要通过对散射信号能量分布的分析实现台风的观测,以减少台风给全球带来的危害。

随着国家的重视和大力支持,GNSS-R 海洋遥感方面也取得了很多的成果。其中,北京航空航天大学通过分析与仿真验证了 Z-V 模型,并在此基础上分析了接收机的硬件组成和原理,完成了多普勒延迟映射接收机的研制。中国科学院武汉物理与数学研究所、中国科学院大气物理研究所以及自然资源部第三海洋研究所等在厦门建立了 GNSS-R 固定观测平台,开展了从反射信号数据中对海面高度以及有效波高等海洋参数的分析与研究。中国环境科学研究院大气环境研究所和中国人民解放军陆军工程大学研究团队系统整理了 GNSS-R 海洋遥感的理论方法,详细讨论了反射信号及其功率波形,并在渤海海域进行了 GNSS-R 机载试验,实现了海面风速及风向的反演。中国科学院空间应用工程与技术中心及武汉大学也较为系统地开展了 GNSS-R 试验,并对潮汐、有效波高、海面风场等信息进行了反演算法的研究。国内其他的一些高校和科研院所如中国科学院上海天文台等团队也在 GNSS-R 研究方面取得了不错的成果。2019 年 6 月,我国成功发射捕风一号 A/B 卫星,开展了 GNSS-R 技术在轨试验。此次卫星试验采取了双星组合星座的方式,简称捕风一号卫星,代号为"BF-1A/B"。这是我国首颗用于 GNSS-R 工程化试验的卫星,同时也是我国海上发射卫星的首次实现。其轨道高度约为 579 km,轨道倾角为45°,基本实现我国周边海域的覆盖。捕风一号卫星主要是为了验证海上风场的测量试验,实现中国台风观测系统的建设,满足国家重大突发性天气灾害的应急检测和预警需求,可为后续卫星星座设计提供参考。

2021 年 7 月,中国航天科技集团公司第八研究院研制的风云三号 E 星成功发射,编号为"FY-3E"。该卫星是风云三号系列的第 5 颗卫星,也是首颗晨昏轨道卫星,轨道高度约为836 km。该卫星搭载了最新的全球导航卫星系统掩星探测仪 2 代,是在风云三号 C 星和 D 星载荷 GNOS Ⅰ 的基础上进行的升级,目前可以提供北斗反射信号以及 GPS 反射信号的数据。同时,该卫星上也装载了微波散射仪,可以提供风速信息。目前,国内在 GNSS-R 海洋遥感理论、技术和数据反演等方面正逐步完善,且随着我国北斗导航卫星系统的推广应用,新型 GNSS反射信号接收机的研制,以及星载等多平台 GNSS-R 试验的开展,GNSS-R 海洋遥感技术将会具有越来越广阔的应用空间。

5.7.2 GNSS-R 处理技术

GNSS-R 硬件接收机先通过相关的通道完成导航卫星的直射信号和反射信号的采集工作,并将采集到的信号送入核心处理器进行 DSP 处理,最后送至软件系统完成一维、二维时延多普勒图谱显示。该类型接收机为微小型 L 波段海洋动力环境探测仪,采用的是 GNSS-R 双基雷达的散射技术。其探测原理为:利用北斗导航卫星的 L 波段信号为发射源,在接收直射信号和反射信号的同时,通过复制导航卫星信号的伪随机码和载波,分析得到直射信号和反射信号的时间差以及多普勒频移。环境探测仪将本地伪随机码和载波与接收机采集到的反射信号进行互相关处理,从而得到反射信号的时延多普勒图谱。环境探测仪通过计算接收机采集到的反射信号和直射信号,可以进行海面风速、有效波高、溢油和海冰等环境要素的探测。

该探测仪系统包括 GNSS 导航卫星配套的上视天线和下视天线(2 副天线分别呈现右旋圆极化特性和左旋圆极化特性)、多普勒延迟映射接收机。它可以通过对上述天线采集的直射信号和反射信号进行 DSP 处理,输出一维、二维时延多普勒图谱。微小型 L 波段海洋动力环境探测仪系统结构图如图 5.16 所示。

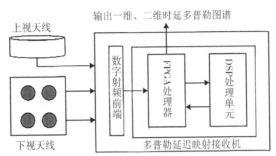

图 5.16　微小型 L 波段海洋动力环境探测仪系统结构图

GNSS 导航卫星的直射信号、反射信号经过天线采集后,由数字射频前端进行滤波和下变频处理,变成中频模拟信号。随后,中频模拟信号经过双通道 A/D 变换器采样,输入 FPGA 处理器中的数字处理模块进行 2 bit 量化编码。采集的原始中频数据,需要将量化信息进行打包成帧,进行 FIFO(First Input First Out)缓存,最后通过 USB 上传至上位机进行存储。在数据处理过程中,反射信号数据会不间断传输至 FPGA 处理器的相关通道。直射通道与 DSP 处理单元相结合可以实现导航卫星的跟踪、定位和状态信息的估计,并且通过对 GNSS-R 硬件接收机的反射通道进行相应设置,进而计算出导航卫星反射信号的相关功率数据。串口主要负责实现直射通道导航定位和反射信号的相关功率值的传输,而 USB 负责完成 GNSS 反射信号相关值的传输。这些数据可以通过 PC 端存储到移动硬盘以方便后续的研究工作。GNSS 反射信号接收机具体处理流程图如图 5.17 所示。

5.7.2.1　GNSS-R 获取数据转换处理技术研究

GNSS-R 接收机的总体结构主要包括功放增益模块、脉码调制模块、处理转换模块。三大功能模块包含了双射频前端、高速 A/D 转换器、FPGA 多通道专用相关器、DSP 处理器、高速数据传输接口和数据存储等设备。整个接收机通过内部总线接插件进行互联互通,使得自天线端输入的射频信号可以直接变至中频信号,送入后端的通用基带处理模块进行后续处理。延迟多普勒接收机结构图如图 5.18 所示。

该部分主要包括以下内容:

(1)功放增益模块

功放增益模块主要是利用射频前端的低噪放大器、滤波器和变频器对接收到的直射信号和反射信号一次进行放大、滤波和变频处理,变成中频信号。对于 GPS 卫星信号的接收,要求射频前端设置精密的变频、放大、滤波和增益控制电路,片内锁相环产生 2.456 MHz 本振信号,与接收到的1 575.42 MHz 信号混频后产生 880.58 MHz 的信号,再与 927 MHz 的本振信号混频后产生46.42 MHz 的模拟中频信号。

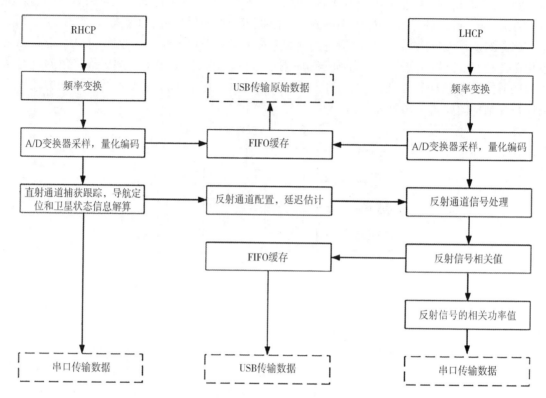

图 5.17　GNSS 反射信号接收机具体处理流程图

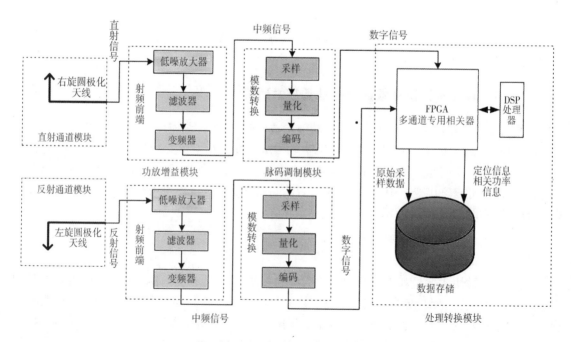

图 5.18　延迟多普勒接收机结构图

（2）脉码调制模块

脉码调制模块是利用高速 A/D 转换器对上述中频信号分别进行采样、量化和编码处理,将该模拟中频信号转换为数字信号。

（3）处理转换模块

处理转换模块是依据捕获跟踪到的直射信号,利用 FPGA 多通道专用相关器和 DSP 处理器对反射信号进行相关运算,得到延迟多普勒二维相关功率值,通过 RS-422 串口传输到处理工控机进行反演计算。

通过上述功放增益、脉码调制及处理转换模块,接收机启动后进行一系列初始化工作,包括 FPGA 多通道专用相关器中 12 个直射通道的开启,设置变量初始值,例如初始码捕获所需的搜索单元数、C/A 码捕获的阈值、时延码 NCO 和载波 NCO 等;加载接收机的当前时间并根据导航卫星的系统时对其进行转换,设置时钟频率;加载接收机上次掉电前的位置,验证掉电前星历和历书的有效性,并用于估计卫星的高度角、方位角和多普勒频移。初始化工作完成后,主程序进入循环工作过程,主要完成如下功能:更新导航子帧,验证并处理从导航子帧获取的新星历和历书;根据更新的星历和历书,估算卫星新的高度角,对卫星进行排序并更新通道的卫星设置;估算多普勒频移,用以确定码捕获时频率搜索的单元个数;周期更新观测量,计算伪距和导航定位解;根据解算的接收机时与 GPS 系统时的误差,更新接收机的时钟;定时存储卫星的星历和历书。

5.7.2.2　GNSS-R 直反射信号处理流程

DSP 处理器通过先验信息完成码片时延计算,并进行反射信号处理。因此,需要先确定 GNSS-R 硬件接收机是否完成卫星定位的分析计算。若该步骤没有完成,则需要循环执行直至确定上述信息计算完成。根据直射通道可以分析得到卫星定位,以便于进行反射通道的后续配置。检测到卫星导航系统定位后,通过将直射通道中卫星的高度角进行排序,可以得到相应的卫星状态和直射通道号,并对反射信号和直射信号间的码延迟进行解算。DSP 处理器可以计算出延迟距离,并根据延迟距离估算出码片的延迟数以及卫星的状态。EMIF 接口将码片延迟数和卫星状态传送给 FPGA 多通道专用相关器,最终完成反射信号的后续分析。

上视天线和下视天线在采集到直射信号和反射信号后,通过 GNSS-R 硬件接收机中的数字射频前端进行滤波、变频、混频和模数转换处理后,得到数字中频信号;然后,进行卫星反射信号的捕获和跟踪,并通过相干累加处理,获得本地载波信息和码相位信息;将上述信息送入载波生成器和码生成器,以进行反射通道的后续配置;产生的卫星导航信息先经过反射信号生成器处理,然后与数字中频信号在相关器内进行处理,最终求解反射信号的相关功率数据。

其中,卫星导航信号的捕获是通过并行码相位的捕获方法实现的。GNSS-R 硬件接收机接收到直射数字中频信号后,与载波振荡器生成的载波进行相乘和混频处理。混频处理结果借助并行码相位捕获算法进行快速傅里叶变换,然后把傅里叶变换后的值与复数共轭值进行相乘运算,最后对所得结果进行傅里叶逆变换和取模值处理。

当 GNSS-R 硬件接收机的捕获模块锁定并追踪 GNSS 卫星时,通过相关处理可以获得其多普勒频偏、码偏移的估算值。直射通道中的信号跟踪模块包括码环路和载波环路。码环路不断调节本地的伪码速率和相位,载波环路不断调节本地的载波频率、相位,并随着输入信号的变化

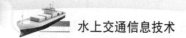

始终保持同步跟踪状态,提取精确的原始观测数据。该 GNSS-R 硬件接收机采用了码环路与科斯塔斯环相结合的方法进行卫星信号的跟踪,从而降低了接收机的直射通道对相位翻转的灵敏度。反射信号相关功率值流程图如图 5.19 所示。

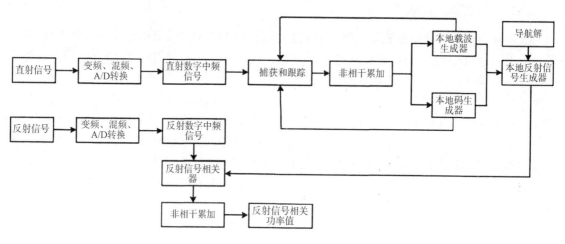

图 5.19　反射信号相关功率值流程图

5.7.3　GNSS-R 应用

5.7.3.1　海面风场反演

海面风场不仅是形成海上波浪的直接动力,而且对区域和全球海洋环流来说也是关键性的动力。因此,在诸如海浪、海流和风暴潮等数值模型中,首要确定的输入因子就是风场。此外,海面风场对海面温度、全球生化过程和水文循环等也有重要影响。海面风场的观测与分析是研究海洋动力过程,同时也是预报台风、热带风暴、厄尔尼诺现象等的重要基础。风速和风向对海面的影响表现在海面坡度的分布上。在相同的卫星高度角和 GNSS-R 硬件接收机高度下,风速越大,海面越粗糙,波面斜率变化越大,散射信号功率曲面在镜面反射点附近的峰值功率越低,即反射信号的功率谱峰值越小,波形越扁平,更大时延的信号相关功率越高。这意味着海面散射能量会随着风速的变化而分布到更大的范围之内。

在 GNSS-R 海面风场研究中,基于前人提出的有关 GNSS-R 的海风探测相关基础理论及时延多普勒相关功率模型,利用该模型可以通过输入海面坡度分布方差,其中包括海面风场信息,从而输出具有不同延迟和多普勒补偿的海面的反射信号与局部复制信号之间的相关功率,进而对海面风场、相关卫星高度角及方位角等敏感程度进行探究分析,通过图像处理和散射系数方法就可以得到散射系数和均方坡度之间的关系来进行风场反演。

5.7.3.2　海面有效波高反演

在水上信息分析领域,海况信息的精准描述对于船舶调度、航行安全及实时信息感知起到极其重要的作用,而有效波高是描述海况的重要参数。有效波高是指将一定时间内的波高按降序排列,其最大 1/3 波高的平均值,该值和目视的波高接近。作为 GNSS-R 技术的关键应用,有效波高估算得到了广泛研究者的关注,GNSS 卫星导航信号经由海面散射或反射后到达接收机,反射区和闪烁区是由许多不同面元组成的,各自具有不同的表面坡度,故对导航信号的反射需要在统计意义上进行分析。经过反射面反射回来的 GNSS 信号已经发生了改变,其变化特性中包含了反射面的变化规律。因此,通过对反射信号进行接收处理,就可以观测到反射面的某些特性,如极化方式、相位以及幅度值等参数,技术关键在于如何对反射信号进行数字化处理并完成建模分析。

5.7.3.3 海冰探测

在海冰探测中,GNSS-R 硬件接收机接收到的信号由两部分组成:一部分是由海冰的微波辐射导致;另一部分是由海水辐射导致。接收到反射信号的相关功率的相对变化取决于海冰和海水的反射系数差异,这种差异与海冰的介电性质和反射率有关。

对于不同的发射介质,信号极化方式改变的程度是不一样的。海冰具有独特的介电常数和极化特性;海冰和海水的电磁特性差异很大,使得电磁信号在海水与海冰中的传播存在显著区别。由于反射介质的不同,反射系数有差异,反射信号左右旋极化分量强度比值会不同,所以可通过观察出 GNSS 信号极化比值的变化,推断海冰是否存在,监测海冰的形成和消融过程。

对于海冰而言,其介电性质取决于海冰中盐溶液的介电常数(与海冰的含盐量和海冰温度有关,海冰的介电常数远小于海水的介电常数);反射率决定了最终到达接收机的信号功率,反射率越小,最终到达接收机信号的功率值就越低,反射率与极化条件、海冰厚度、卫星仰角、反射面粗糙度有关。其中,极化条件包含垂直极化、水平极化、左旋圆极化和右旋圆极化。在极化条件相同的条件下,当一年冰的厚度在 0~20 cm 范围内时,反射率随冰厚度的增加明显减小;当海冰厚度超过 30 cm,反射率不再随海冰厚度增加而明显减小。在垂直极化条件下,海冰厚度为 0(仅有海水),卫星仰角在 0°~5°区间内,卫星仰角越大,反射率越小。

5.7.3.4 海面溢油探测

在海面溢油探测中,GNSS-R 硬件接收机通过接收 GNSS 直射信号和海面反射信号计算反射面的反射率,然后利用介电常数和反射率的关系反演介电常数,将反演的溢油介电常数和海水介电常数差异作为海面溢油探测的依据。其中,卫星高度较大,反演结果误差小;油膜在水面占比多少与介电常数呈负相关,即油膜覆盖越大,介电常数越小,越接近油的介电常数,反演误差越小;油层变薄,探测表面反射增强,反演结果误差小。

对于油膜而言,不同海冰状态对溢油扩散和漂移的影响不同。其中,在无冰区域中,海面上的溢油不受海冰的影响,溢油相对自由,在水温和海况的影响下相对自由地扩散,受海风、海浪、海流的影响,油块在各种海况作用下,随海流漂移;在流冰区域中,溢油同时与空气、海水、海冰接触,使冰盖在较小的局部区域发生断裂。由于海冰对溢油产生围堵作用,溢油将伴随诸多小碎冰块发生漂移,做有限扩散;在厚冰区域中,海冰厚度较大,这样冰区不会因涨落潮作用而破碎,溢油可能会进入冰面上或冰面下。溢油处于海冰之上,会处于固定状态,随着海冰的漂移而漂移;当溢油处于海冰之下,在落潮时,海面上的溢油与厚冰之间有间隙,仅仅受海流的作用发生漂移。当涨潮时,海面上的海溢油与厚冰底部没有间隙,受到海水与海冰的挤压,会加快扩散,油膜厚度会变小,面积会变大。在这种情况下,溢油的漂移除了受到海流的影响外,还受到

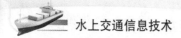

冰层底部光滑度的影响,即冰层底部越光滑,溢油漂移得越快;冰层底部越粗糙,溢油漂移得越缓慢。

冰区中海流的作用是类似的,但作用形式体现为水下的压力变化,进而造成油膜迅速变薄,并向外扩散。同样,海上浮冰的漂移也是由风和海流驱动的,但由于海冰的表面粗糙度远高于油膜,因此在同等环境条件下,海冰的漂移速度是快于油膜的。这样,冰油混合的模式就会随着漂移的发生而愈加严重,进而致使现有油膜扩散方程中的各项力学平衡关系被完全打破。

海水表面受到风施加的作用力而形成海浪,进而引发海水流动,从而带动悬浮的油膜,加速溢油的漂移,这也是影响油膜漂移的最主要因素之一。而波浪对溢油的作用则更为复杂,扰动的海水会破坏油膜的表面,使其发生分解,从而加速乳化和的过程。风浪所产生的非线性波余流,也会持续对油膜的漂移产生新的影响。

水上交通信息技术

第6章
应用实例

6.1 北极航道的通航安全评估

近年来随着全球气候变暖加快,北冰洋海冰快速消融,同时伴随着航运和破冰技术的进步,北极航道的开发和利用已成为可能。北极航道是指穿过北冰洋,连接大西洋和太平洋的海上航道,分为大部分航段位于俄罗斯北部沿海的"东北航道"(又称"北方海航道"),以及大部分航段位于加拿大北极群岛水域的"西北航道"。相比于传统航道,北极航道的开通将会大大缩短太平洋和大西洋之间的航程。在环球海上航行中,传统航道只能通过巴拿马运河或苏伊士运河来连接太平洋和大西洋,甚至需绕非洲南部好望角。与这些航线相比,北极航道的开通将大大缩短航程,带来巨大的经济利益。如日本的集装箱从横滨到荷兰的鹿特丹,经非洲的好望角需要航行 29 天,经马六甲海峡、苏伊士运河需要 22 天。但同样的船舶采用北极航线,则仅需15 天就可以到达。此外,北极航道的开通,还可减轻马六甲海峡、苏伊士运河日益严重的拥堵,避开日益猖獗的索马里海盗的威胁。

北极航道的开通不仅会直接改变原有的世界海洋运输格局,还将使北极地区的战略地位整体提升。新航线将带动沿线经济发展,促进现有港口、城市规模壮大,航线经过的国家在世界上的地缘政治影响力也将随之增强。同时,新航线将分散一部分原有航道的贸易货物,降低原全球航运线的分量和地位,航线所在国的影响和地位也将受影响。地球中路战略地位下降,北极地区战略地位提升,这种变化将导致世界重心向北方偏移,一定程度上改变世界格局。

从上可以看出,北极航道的开通和利用势必会对世界经济和贸易格局产生重大影响,北极航线的商业利用逐渐引起相关政府和企业的重视。随着北极资源的开发、旅游的发展,北极航运还将持续升温,特别是东北航道。然而,北极水域特殊的地理、环境和气候特征造成的航线冰情复杂等问题,给航运企业开发利用北极带来了风险和挑战,开展北极航道的通航安全评估具

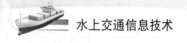

水上交通信息技术

有重要的理论和现实意义。

6.1.1 北极航道的通航情况

随着北极航道的逐渐苏醒,北极航道的开发和利用越来越受到相关国家和企业的重视,国内外许多研究针对北极航道的冰情变化,分析航道通航情况,利用海冰冰情对不同时期的航道通航情况进行分析,更好地为北极航道航行船舶提供参考。

美国国家雪冰数据中心 Sea Ice Index 海冰密集度产品和欧空局 CryoSat-2 海冰厚度产品显示,1979—2017 年的东北航道和西北航道海域海冰范围和面积均呈周期性变化,东北航道 2005 年以后振幅增大,西北航道 2007 年后振幅增大,1—4 月为高值期,7—10 月为低值期。海冰范围和面积均呈减小趋势,东北航道海域减小速率大于西北航道。东北航道和西北航道海域海冰范围最小值均出现在 2012 年;东北航道的次小值出现在 2007 年,西北航道的次小值出现在 2016 年。然而,2016 年西北航道海域海冰面积小于 2012 年,这和海冰密集度的持续降低密切相关。

东北航道西部的巴伦支海和挪威海航段几乎全年可通航,北地群岛附近冰情最为复杂,可通航性最差,是影响航道通航的关键,但近 10 年来也显著改善。其中,维利基茨基海峡在北地群岛附近各海峡中通航性最好。德朗海峡以西的东西伯利亚海域在 2000 年以前仅个别年份可通航且需靠近大陆航行,2000 年以后明显好转,可通航海域向高纬延伸。西北航道北路巴芬湾航段通航时间较长,阿蒙森湾以西的航段受冰覆盖的影响也较小,且可通航海域逐渐向高纬延伸,戴维斯海峡与麦克卢尔海峡之间的航段经常出现冰障,近些年冰障的位置有西移的趋势。

航道全线开通时间的年际变化较大,不仅和航道相关海域海冰面积的变化有关,而且还受海冰运动模式的影响。例如,2007 年东北航道海域海冰面积较小,但夏季拉普捷夫海强劲的西北风,促使海冰靠岸运动,造成泰梅尔半岛北部海冰拥堵,北地群岛附近海峡通航困难。但总体上,东北航道全线开通初日以 0.85 天/年的速率提前,通航终日以 0.73 天/年的速率推后。近 10 年来,东北航道的可通航性明显增强,通航初日的波动较大,最早在 7 月底,最晚到 8 月底开通,而通航终日相对较稳定,一般在 10 月上旬或中旬。如果考虑海冰厚度小于 30 cm 时航道仍可通航,那么东北航道的通航终日可能延续到 10 月底或 11 月初。西北航道南路的可通航性明显优于北路,北路的可通航年份较少,其中以 2010—2012 年的可通航性最佳,全线开通时间达 50 多天,通航初日提前的速率远大于通航终日推后的速率,分别为 0.9 天/年和 0.25 天/年。南路在 2003、2004 和 2005 年未开通,2014 年仅 16 天可通航,其余年份的可通航天数少则 30~40 天,多则 60~70 天。南路弗瑞和赫克拉海峡较早开通,但易反复冰塞,在拉森海峡到毛德皇后湾的航段中,绕过威廉王岛,沿詹姆斯罗斯湾—雷伊海峡—辛普森海峡的航线冰情比维多利亚海峡的冰情轻,更有利于通航。

北极每年海冰面积最小日出现在 9 月上旬或中旬。最小海冰面积和平均密集度持续刷新,2016 年最小海冰面积虽略大于 2012 年,但平均海冰密集度却比 2012 年小 6.8%。1979—2017 年,夏季密集度 30% 等值线不断退缩,以 8 月和 9 月退缩速率最快,分别为每年 -12.8 km 和 -11.9 km。若以此速率退缩,那么在不足 40 年的时间里,8 月和 9 月北纬 85° 以南的海域将可通航,通航路线与穿极航道极为接近。北极海冰面积的变化和海表面温度异常、海面风场以及气压密切相关。温度的上升,促进了海冰的融化,并且与气压共同影响了风场的变化。海冰在风场的驱动下发生辐合和辐散运动,海冰的分布对航道的通航有重要影响。

2002—2011 年的 AMSR-E 海冰密集度数据表明,北极海冰外缘线面积每年减小 8.28×10^4 km²,下降趋势最快的季节为夏季,下降速度是 1979—2006 年的两倍多,而且海冰密集度也在降低。2003 年、2004 年的冰情相对较重,2007 年海冰面积最小。长期冰在 2002—2010 年间减少了近 30%,减少的区域主要在波弗特海、楚科奇海、东西伯利亚海、拉普捷夫海、喀拉海以及由这些边缘海向北极方向延伸的北冰洋的广大区域。长期冰减少的地方大部分为季节性海冰增加的地方。海冰面积与年平均气温之间有显著的负相关关系,随着全球气候变暖的加剧,这种减小趋势将会持续。

欧洲中期天气预报中心(European Center for Medium-range Weather Forecast,ECMWF)发布的 2007 和 2012 年高分辨率的气压场、风场数据表明,在 1979—2012 年间,北极海冰平均运动速度呈显著增加的趋势,冬季海冰平均运动速度增加趋势明显强于夏季;北极、波弗特海—楚科奇海和弗拉姆海峡的冬、夏季海冰平均运动速度的增加率分别为每年 2.1% 和 1.7%、2% 和 1.6% 以及 4.9% 和 2.2%。1979—2012 年北极海冰平均运动速度和范围的相关性为 -0.77,两者存在显著的负相关关系。北极冬季和夏季风场的长期变化趋势与海冰平均运动速度的变化趋势一致,冬季和夏季的相关系数分别为 0.5 和 0.48。气压场和风场对海冰的运动、辐散及重新分布发挥着重要作用。2007 年夏季,即第 234—273 天的波弗特海域一直被高压系统控制,波弗特涡旋加强,使得波弗特海海冰聚集在北极中央区;顺时针的风场促使海冰向格陵兰岛和加拿大北极群岛以北聚合。2012 年,白令海峡和楚科奇海处于低压和高压系统的交界处,盛行偏北风,海冰从北极东部往西部输运,加拿大海盆的多年海冰因离岸运动而辐散,向楚科奇海域的海冰输运增加,受太平洋入流暖水影响,移入此区域的海冰加速融化,从而加剧海冰的减少。

以“永盛”轮北极东北航道时所经航线为例,北极东北航道的冰情要素包括航线通航窗口、逐日海冰密集度时空分布以及海冰密集度月标准差等。通过对航线冰情要素的分析可以得出,影响北极东北航道的关键水域包括:自东西伯利亚海中部沿航线向西,至新西伯利亚群岛东部海域(定义为 A 航段);自拉普捷夫海中部(120°E)沿航线向西,经过维利基茨基海峡,至谢尔盖·基洛夫群岛水域(定义为 B 航段)。在关键水域中,对“永盛”轮航线的通航与否起决定性作用的为 B 航段。“永盛”轮航线的实际通航期和 B 航段的实际通航期的上升趋势比较明显。

十年间的“永盛”轮航线通航期波动比较大,没有稳定的变化趋势,平均通航期为 90 天。经历 2006 年和 2007 年不通航后,2008—2012 年实际通航期大体呈上升趋势,在 2013 年不通航后,实际通航期又呈上升趋势发展。实际通航期最多可以达到 71 天(2012 年),除去不通航的年份(2006 年、2007 年、2013 年)以及其后一年(2008 年、2014 年),其他年份航线的实际通航期都可以达到 1 个月以上。实际通航起始日和实际通航结束日每年的波动幅度均很大,实际通航起始日在 8 月中旬到 9 月上旬之间,实际通航结束日在 9 月下旬到 10 月上旬之间。结合航线通航窗口、逐日海冰密集度时空分布、海冰密集度月标准差分析得出了影响航线通航的关键水域。通过对关键水域十年的航线通航窗口分析得出:(1)在关键水域中,只有 B 航段在 2006 年、2007 年、2013 年不通航,A 航段在所有的年份都通航;(2)除 2009 年、2011 年、2015 年外,A 航段的实际通航期均比 B 航段实际通航期长;(3)A 航段实际通航起始日与实际通航结束日的起伏程度均比 B 航段要小,说明 A 航段的通航窗口比 B 航段要稳定。由以上分析可以得出:B 航段对航线的影响比 A 航段大;虽然北极海冰整体融化加速,但是关键水域的冰情仍然

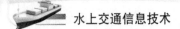

非常复杂,船舶在经过关键水域时,应做好必要的安全保障,比如申请破冰和引航员援助、加强瞭望等。

进一步对东北航道通航窗口的变化趋势进行分析可以发现,"永盛"轮航线的平均通航结束日和实际通航结束日呈上升趋势,说明通航结束日上升趋势十分明显,即"永盛"轮航线的通航结束时间会推迟;"永盛"轮航线的实际通航期和 B 航段的实际通航期呈上升趋势,并且均通过了 90% 的显著性检验,说明实际通航期的上升趋势比较明显,即"永盛"轮航线和 B 航段的实际通航期会逐渐变长。综合以上得出,"永盛"轮航线的实际通航起始日和实际通航结束日每年的波动幅度还很大,实际通航起始日在 8 月中旬到 9 月上旬之间,实际通航结束日在 9 月下旬到 10 月上旬之间,而且实际通航结束日推迟的趋势十分明显。"永盛"轮航线和关键水域的实际通航期虽然波动很大,但是呈现出比较明显的延长趋势。总之,北极东北航道的通航前景较好,但是船舶在经过以上提及的关键水域时还应加强安全保障工作。

微波卫星遥感数据也可用于分析北极东北航道和西北航道近年来的冰情变化,相关结果显示,东北航道全线开通期主要集中在 8 月下旬至 10 月上旬,开通总天数多在 40～50 天;西北航道南线开通期主要集中在 8 月上中旬至 10 月上旬,开通总天数多在 50～60 天;西北航道北线开通时间主要集中在 9 月。东北航道冰情最为复杂的是连接拉普捷夫海和喀拉海的北地群岛区域海冰,也是影响航道开通的关键水域。影响西北航道南线开通的关键主要是威廉王岛附近维多利亚海峡、威尔士亲王岛东侧的皮尔海峡和北侧巴罗海峡区域的海冰状况;影响北线开通的关键水域是班克斯岛西北部的麦克卢尔海峡和梅尔维尔子爵海峡;东北航道可通航性优于西北航道。东北航道在 9 月份开通的可能性最大,8 月份次之,10 月份通航的困难较大;历年的航道开通起始时间变化较大,俄罗斯新西伯利亚群岛和北地群岛,与大陆之间的海冰对东北航道的开通起着关键作用。东北航道的海冰年际变化较大。

全球气候变化影响下的北极海冰融化趋势也是相关研究的焦点,根据英国海道测量局最新出版的《航路指南》中提供的资料,影响和决定西北航道通航时间的关键水域分别是班-麦-梅关键水域、维多利亚海峡北部关键水域和巴-兰关键水域。根据北极西北航道的历史资料来看,这 3 个关键水域最近 9 年的海冰变化情况有很大的代表性,能明显地反映出近年来北极西北航道的海冰变化趋势。2003 年至 2011 年的 9 年间,北极西北航道关键水域海冰卫星图以及每年北极海冰范围最小的西北航道海冰卫星图显示,每年 8、9 月份的海冰融化程度最大,海冰范围变化最为明显。

综上,海冰冰情变化及运动特征的分析能够确定北极航道关键水域的通航期,为北极航行船舶提供指导,为北极航道研究提供参考。

6.1.2 影响通航能力的因素分析

目前,大部分研究分析北极航道通航能力和通航情况的主要考虑因素是海冰运动、海冰冰情等,影响北极航道通航性的最关键因素无疑是海冰冰情,然而还有一些其他因素制约着北极航道的通航能力,包括环境因素、船员因素、设施因素、管理因素等。

北极航线通航环境因素包括气象环境因素、水文环境因素、地理环境因素、交通管制因素、助航信息及设施环境因素等多个方面。气象环境因素包括温度、能见度、风等;水文环境因素包含海流和潮汐、海冰;地理环境因素包括航道宽度、航道深度、航道弯曲度、海岛和礁石分布;交通管制因素包括冰区船舶规范和冰区航行国际规范;助航信息及设施环境因素包括破冰船、港口设施、海图信息、导航定位设施、气象海况预报和航行经验。根据这些影响因素以及专家意见,可对影响因素进行筛选,建立北极航线通航环境评价指标体系。通过评价北极航线通航环境并总结北极航线现状及通航事故统计,可以构建北极航线通航的评价指标体系。相关结果显示,水文环境因素和助航信息及设施环境因素是影响北极通航的主要因素。其中,水文环境因素最重要的是海冰,助航信息及设施环境因素最主要的是破冰船和航行经验等。随着北极变暖,水文环境将逐渐转化,北极地区的助航信息及设施环境因素将逐渐成为北极通航环境的主要限制因素。

目前,北极航线的地理条件在安全中占有的权重比较大,表明北极航线的自然环境对北极航线安全有比较重要的影响,而自然环境中冰的权重相较于其他因素更重要。人为因素在安全评价矩阵中的得分较高,表明人们普遍认为人对北极航线安全的认识较深刻,对北极航线的安全意识较强。从基础设施的因素来看,目前的北极航线沿线的基础设施建设较为薄弱。从管理因素来看,俄罗斯和加拿大为北极航线制定了严格的通航标准和开发利用条件,使北极航线的管理比较严格。

6.1.3　北极航道通航安全相关数学模型

针对北极航道航行的安全性研究,可设计许多不同的理论和模型,例如陆上交通流理论的跟驰模型可用于跟驰船舶与破冰船的安全间距以及跟驰船舶之间的安全间距问题,分析北极航线船舶的航行阻力即船舶水流阻力、船舶兴波阻力、碎冰阻力以及船舶制动性能,建立适用于北极航线的交通流跟驰模型。在安全系统的演化机制方面,可借鉴传染病模型的构造思路,结合安全系统的特点,运用平均场理论建立安全系统的微分方程组模型,并对此模型进行平点和稳定性分析。复杂网络理论可用于构建以港口间海运距离和吸引度为基础的复杂网络演化模型,将模型应用于北极航线通航后的海运网络。结果显示,北极航线通航后海运网络平均路径长度减小,表明北极航线开通加强了港口间的联系;部分东北亚及西北欧港口度值增加较为明显;港口核度更趋于极化,表明北极航线增强了海运网络的层次性。鉴于北极航运与冰区通航有严格的时间窗约束,利用离散时间元法,建立有向无环图,利用最短路径算法进行求解,建立不同冰情影响下的北极船舶航速优化模型,极大地提高了模型求解精度。通过改变冰密集度,求得不同冰情下使航次总成本最小的最优航速,解决冰区航线航行经济性选择问题。相关软件可对北极航线安全状态进行仿真模拟,建立北极航线安全的系统动力学模型。德尔菲法常被用于建立指标体系,分析各因素之间的层次因果关系框架并去噪简化,对北极航线通航环境进行影响因素重要性分析,最后提出针对性的对策和建议,为我国在北极航线战略的制定提供参考。

模糊数学理论、后悔理论、系统动力学理论、演化博弈理论等对分析北极航线安全问题具有重要意义。对于北极航线的安全现状,可运用模糊层次分析法分析北极航线安全的各种影响因素,划分出北极航线安全结构图。根据北极航线的安全特性,综合运用后悔理论和模糊层次分析法对北极航线安全的各种属性值进行计算,得出北极航线安全状态值。通过北极冰层的变化,对北极航线安全进行敏感性分析,刻画北极航线的安全变化。结合安全系统的特点,建立安

水上交通信息技术

全系统的演化机制,运用平均场理论建立安全系统的微分方程组模型,并对此模型进行平衡点和稳定性分析。根据北极航线安全现状,通过设置不同的情景,考查不同外部干预下北极航线安全的演化趋势,分析不同时刻、不同方案下的北极航线安全变化。在微观层面,运用系统动力学方法建立北极航线安全的因果关系图和系统动力学流图,并运用相关软件对北极航线安全进行仿真,仿真结果能够刻画北极航线安全态势,并通过政策模拟分析各影响因素对人和北极航线安全的影响。北极航线安全呈现正向发展态势,其中环境方面占有重大比例,但随着环境方面的好转,其比例将会减少;"人""机""管理"方面在前期占有比例较小,但在后期占有较大比例;信息流通平台对于人的安全影响大于其他因素的影响,而"机""环境"对人和北极航线安全的影响效果相反。

综上,多种数学模型可用于分析影响北极航线通航能力的因素及其对通航能力的影响程度。相关数学模型的结果显示:在"环境"层面,冰仍然是北极航线安全最重要的影响因素,其次是雾、风;在"人"层面,疲劳和安全意识是北极航线安全最重要的影响因素;在"管理"层面,法律法规是基础,信息流通是关键,应急救援是保障;在"机"层面,破冰船和导航设备是关键,科学技术和基础设施是保障。

6.1.4 北极航道通航性评估

国外对北极航道适航性的研究相对较早。1996 年,北极周边的 8 个国家(美国、加拿大、俄罗斯、丹麦、挪威、瑞典、冰岛和芬兰)在加拿大的渥太华成立了北极理事会(Arctic Council),北极航运的评估是该组织的一项主要工作。2009 年的北极相关的航运评估报告对北极航运的地理、气候和监管等因素的现状进行介绍,分析北极航运对环境的影响,预测了 2020 年的发展前景。2002 年 12 月,俄罗斯、英国、芬兰、荷兰、德国、意大利和挪威等 7 个国家,发起北极研究管理者论坛(AREOP),在论坛存在的 3 年时间里,主要研讨北极航道上冰况信息收集和预报的方法、水上交通法规保险以及对应急处理和环境影响进行评估等。除了以上提到的一些大型组织、项目外,国外对北极航道的研究还涉及很多不同的领域,例如,通过分析海冰变化对北极航行的影响,发现在许多模拟航行中,具有抗冰能力的船舶可在北极航行,主要气候模式的海冰成分在航海潜力方面具有显著的差异性和区域偏差;基于不确定性的冰预测模型用来研究北极航道路径规划的方法,讨论距离、时间和可靠性参数以强调不确定性问题;通过对北极航道的适航性建模,比较评估北极航道的经济可行性;探讨北极航道沿线国家在法律监管的新发展,明确关于航道的立法框架。综上所述,国外对北极航道适航性的研究相对比较成熟,研究侧重于分析航道的环境概况、海冰对通航性的影响、商业航行的可行性、适航性模型等方面。基于已有的研究成果,美国、俄罗斯、加拿大、挪威、丹麦、冰岛等国向特定用户提供关于北极航道冰情、气象和海况服务。

国内相关研究也利用相关模型对北极航道进行了通航性评估。例如,将客观定量模型与专家主观定性知识相结合,建立航道综合效益模型,以该模型的各个变量作为贝叶斯网络的节点构建贝叶斯网络,比较北极航道与传统航道的综合效益,对北极通航可行性进行综合评估;构建包含航行环境模块、航迹规划模块和航线经济效益模块在内的综合评估模型,评估北极地区海冰、风、浪、流等要素对航速的影响,确定北极地区的可航行天数;在此基础上,利用强化学习算法寻找北极航线的最优路径,并分析该路径上的航运经济效益。

在通航性评估模型方面,动态贝叶斯网络技术不仅能够很好地处理动态时序信息,且其在推理过程中结合了历史信息,具备信息的累积能力,降低了误差数据对最终结果的影响,使结果更接近真实值,且动态贝叶斯网络技术的预测结果在短期内准确性较高,对判断北极东北航道的可通航性具有重要的参考意义。盲数理论可用于建立北极航线通航环境评估指标体系,对北极航线通航环境安全等级进行评估,确定北极航线通航环境的安全等级。研究发现,红军海峡、德朗海峡和维利基茨基海峡自然环境风险均呈现逐年下降趋势;东北航道自然风险具有"西低东高"的特点,即巴伦支海和喀拉海西部自然环境风险较低,其他区域自然环境风险较高;9月自然环境风险最低,7月自然环境风险最高。针对全球气候变暖以及海冰融化背景下北极东北航道航行安全问题,引入犹豫层次分析方法确定指标主观权重,采用粗糙集思想来确定客观权重,集成得到组合权重。基于所建风险分析模型,对其中3个关键海峡的自然环境风险进行量化评估和时空特征分析,结果显示:(1)2000—2014年,东北航道3个关键海峡自然环境风险均呈现减小趋势,红军海峡自然环境风险减小趋势最大;(2)对比3个海峡自然环境风险度,德朗海峡最低,维利基茨基海峡次之,两者均适合通航;红军海峡风险度最高,且不适宜通航;(3)模型模拟路线与实际航线较吻合,对实时航行路线的选择有参考意义。

综上可以看出,国内对于北极航道通航性评估的研究起步较晚,目前较多的是基于相关模型对北极航道关键水域或航行安全环境进行的通航性评估,缺乏更系统、更全面的北极航道通航性评估。

6.1.5 北极航道通航能力研究实例

为了为商船航行北极东北航道积累丰富的经验,并为商船常态化航行北极东北航道奠定基础,"永盛"轮持续开展北极东北航道商业化航行,数次穿越北极东北航道均采用"前期预案分析、途中实时反馈、后期全面总结"的方式,对北极航道水域的浮冰状况、水文气象进行详细的、全方位的记录和过程控制,并对相关法律法规进行充分研究,不仅为顺利实现穿越北极东北航道提供切实可行的保障,而且通过实船航行收集北极水域相关资料、数据,为北极水域航行积累宝贵的经验。前文很多研究都是针对"永盛"轮轮线结合其航行实际数据进行北极航道的海冰冰情分析或是通航性评估,研究结合实船航线更能清晰有效地进行通航安全评估。"永盛"轮于2015年东行穿越北极东北航道时随船采集的现场资料和航行数据包括冰情、气象、定位、导航、水深等方面。基于这些资料可以提出船舶穿越北极东北航道风险及航行安全所需保障措施的经验论证,为北极航道常态化航行提供依据。

船舶自动识别系统(AIS)也是北极航道通航能力研究的重要数据源。对2015—2017年北极东北航道AIS的数据进行抽稀与验证,并对海量船舶AIS轨迹点进行时空聚类分析,可以提取船舶类型、船旗国、船舶轨迹、船舶密度及航速等船舶行为特征,对于北极东北航道能源、环保及水上交通服务的作用与意义重大。相关研究表明,北极东北航道航行船舶以渔船和货船为主,船旗国以挪威和俄罗斯为主,船舶活动区域集中在巴伦支海与挪威海,主航道主要以8~15 km/h速度航行。

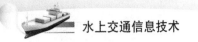

6.2   海区船舶防台预警查询及方案

热带气旋对海上航行和海上作业威胁极大。对于航运安全和海上作业调度管理人员而言,提前做好航行方案和海上作业的防台预警规划,对保障海上航行和海上作业安全意义十分重大。目前,国内外的台风监测和预报网站上,关于台风生成的监测预警信息、中期展望预警信息,大多是面向专业气象人员,甚至是专供专业的台风预报人员分析、研究使用的。航运安全和海上作业调度管理人员知识结构的局限性,使得他们对这些台风生成的监测预警信息的分辨和选择存在困难,从而无法有效地利用这些信息提前对航行方案和海上作业进行防台预警规划。针对当前航运安全和海上作业调度管理人员对台风生成的中期展望预警信息监测的现实需求,本节介绍一种海区船舶台风生成预警查询方案,并阐述一些防台决策方面的思考,为航线规划和海上作业防台预警规划提供辅助性决策参考。

6.2.1   监测预警相关概念

热带扰动是热带气旋的胚胎状态,是一群没有明显组织的雷暴云,可能有机会发展成热带气旋。它也可能是热带气旋减弱后的残余。热带扰动是热带地区的重要天气系统。广义上的热带扰动,泛指热带地区大气中各种尺度的扰动,如热带辐合区波动、热带气旋、季风低压、东风波、赤道波等。它们在地面天气图上有的并无闭合等压线,仅呈现风的气旋性旋转或切变。对热带扰动的监测直接关系到进一步对热带气旋生成预报的可靠性。

6.2.2   热带低压信息查询

台风胚胎——热带扰动等热带气旋的预警方式多种多样,信息来源主要包括来自美国国家环境预报中心(National Centers for Environmental Prediction,NCEP)开发的全球预报系统(Global Forecast System,GFS)。该系统发布近384 h 及116 天的地面气压场预报图。

GFS 主要发布的热带扰动等信息包括热带低压位置、副高中心位置、热带高压位置、热带低压中心气压值、热带高压中心气压值、最大风速、热带气旋生成(一般是指近中心风速达到8 级及8 级以上)的近中心风速的逐级热力图显示。

美国 NOAA 发布的多平台热带气旋地面风场分析技术(MTCSWA)显示来自联合台风警报中心已经作为热带气旋编号的热带扰动等热带低压系统,使用数字90~99 对各热带气旋活动海域新生成的热带扰动进行循环编号,即临时编号。各热带气旋活动海域的热带扰动加以后缀字母以示区别,比如,西北太平洋海域热带扰动的后缀字母为WP(有时也记为 W)。

MTCSWA 详细地显示了热带低压系统风场情况、风向及风力数值大小、近中心最大风速 v_{MAX}、平均海平面气压值、MSLP 大小、最大风场半径 R_{MW} 长度,以及热带气旋移动的方向。

目前,气象部门普遍接收的天气预报平台——ECMWF 能够发布 240 h(10 天)地面气压场预报。

ECMWF 是全球热带低压监测预警方面比较权威的气象预报网上平台,主要提供热带低压位置、副高中心位置、热带高压位置、气压带和热带高压中心气压值、最大风速、热带气旋生成(一般是指近中心风速达到 8 级及 8 级以上)的近中心风速的逐级热力图显示等信息。与 GFS 相比,ECMWF 没有提供确切的近中心气压值,而是以近中心的气压带进行近似显示。

6.2.3　台风生成预警方案查询及船舶避台相关措施

航运安全和海上作业调度管理人员由于知识结构上的局限性,不能像气象专业人员那样熟悉相关的热带气旋生成和预警信息。本节提出一种快速、便捷的台风生成预警查询方案。

首先可了解查询一下美国 NOAA 的多平台热带气旋地面风场分析技术相关网站,了解美国 NOAA 已经标号的热带扰动位置、近中心最大风速及其周围风场情况,确定当前海区所在航区是否有台风即将过境的风险。

如果在某个热带气旋可能生成的海域正好将有船舶航行经过或将有海上作业,则要密切关注 GFS 和 ECMWF 对相应的热带低压系统发展情况的后续最新预报结果。

按照世界气象组织的规定,根据热带气旋近中心最大风速,把热带气旋划分成为热带风暴(Tropical Storm,TS)、强热带风暴(Severe Tropical Storm,STS)和台风(Typhoon,T)。热带气旋等级分类标准如表 6.1 所示。

表 6.1　热带气旋等级分类标准

近中心最大风速	34~47 kn	48~63 kn	≥64 kn
热带气旋等级	热带风暴(TS)	强热带风暴(STS)	台风(T)

依据上表,将预报中心给出的近中心最大风速的权值进行比较和加权计算,判断出热带气旋的预报监测强度等级,一旦发现该热带低压系统有可能加强发展,则应立即调整航行或作业方案,规避风险。

船舶在与台风的斗争过程中,要坚持"以防为主,以避为主"的原则,据船舶实际情况,灵活机动,采取最有效的方法防台避台。船舶管理和海上安全工作人员都要重视热带低压气象知识查询方法,驾驶好船舶和管理好船舶,保持高度的责任感,确保人命、财产和船舶安全。

船公司应建立防台部署,制定防台措施。为了便于统一指挥,船舶安全管理人员必要时在台风来临季节时刻掌握本公司所属船舶动态,尤其是在航营运船舶在海上的具体位置,以便下达防台指令。防台部署等级一般分为 3 级。

三级防台部署:通常于距离台风中心 500 n mile,或 48 h 左右可到达时发布。

二级防台部署:通常于距离台风中心 300 n mile,或 24 h 左右可到达时发布。

一级防台部署:通常于距离台风中心 100 n mile,或实际风力达 8 级以上时发布。

船舶在海上航行,接到公司的防台部署或接收到台风警报后,应当立即采取行动,在海图上标出台风的位置,描绘出台风移动路径,掌握台风未来的动向,进行相对运动绘算,采取相应的规避行动。

根据台风移动方向、速度,本船的航向、航速进行相对运动绘算,避台风于安全距离圆以外。通过相对运动绘算,船舶距台风中心 250 n mile 以上,可继续航行,但是航行中一定要密切注意台风的动向。若台风移动方向有变化,船舶要及时改变航向,保证 DCPA>250 n mile。通过绘算,如果 DCPA<250 n mile,船舶可以改变航向,保证本船相对运动不断远离台风中心,即 DCPA 趋于 250 n mile。船舶如果已航行到达理想的港湾锚地,也可以选择锚地避台。在我国南北航线上航行的船舶,根据本船的航向航速和当时的具体情况决定抢风头继续航行,还是进入锚地避风。避台措施示意图如图 6.1 所示。

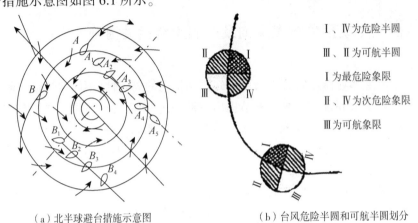

（a）北半球避台措施示意图　　　　　（b）台风危险半圆和可航半圆划分

图 6.1　避台措施示意图

若航行中陷入台风内部,船舶应尽快脱离台风。连续观测真风向顺时针变化,说明船舶在台风右半圆,应采取船首右舷受风驶出。连续观测的真风向逆时针变化,说明船舶在台风左半圆,应当以船尾右舷受风驶出。连续观测风向不变且气压下降,说明船舶在台风路径上,应当以船尾右舷受风全速航行,进入可航半圆,然后脱离台风区。

6.3　海洋 SAR 应用

SAR 是一种高分辨率、二维成像雷达。SAR 利用微波遥感技术,不受气候和昼夜影响,能够全天时、全天候地工作,并且具有多极化、视角可变、有穿透性等特点。SAR 利用天线向目标发射能量,接收来自目标反射的能量,并用数字设备记录所成的图像。SAR 通过雷达天线,把接收到的一系列天线指向方向上的回波信息,沿平台运动方向构成一个二维矩阵,实现对目标区域的二维成像。因为 SAR 具有全天时、全天候观测的能力,因此利用 SAR 遥感手段,可以对目标实现多波段、多极化、多视角的观测,在农林、地质、水文、海洋等许多领域具有特殊的应用优势。

6.3.1　SAR 发展

SAR 的发展始于 20 世纪 50 年代。1951 年,美国首先提出了用频率分析方法改善雷达角分辨率的方法,发明了 SAR。与此同时,美国伊利诺伊大学控制系统实验室独立用非相参雷达进行实验,验证了频率分析方法确实能改善雷达角分辨率。1978 年 6 月 27 日,NASA 喷气推进实验室(JPL)发射了世界上第一颗载有 SAR 的海洋卫星 Seasat-A。该卫星工作在 L 波段,HH 极化,天线波束指向固定。Seasat-A 的发射标志着 SAR 已成功进入从太空对地观测的新时代。从整个 SAR 发展的历史上看,SAR 的发展可分为 3 个阶段:第一阶段为单极化 SAR;第二阶段为双极化 SAR;第三阶段为全极化 SAR。

(1)单极化 SAR

ERS-1/2:1991 年 7 月 18 日,欧空局利用 Ariane 4 火箭发射了其第一颗地球资源卫星 ERS-1。其上搭载的 SAR 工作于 C 波段,采用 VV 单极化方式,入射角为 23°,观测带宽为 100 km,距离向分辨率为 26 m,方位向分辨率为 30 m。1995 年 4 月 21 日,ERS-1 的后继卫星 ERS-2 发射升空,其系统参数与 ERS-1 基本一致。ERS-1 和 ERS-2 可提供全球气候变化情况,并对近海水域和陆地进行观测。

RADARSAT-1:1995 年 11 月 4 日,加拿大发射了其第一颗资源调查卫星 RADARSAT-1。该星于 1996 年 4 月正式开始服务工作。它借鉴了 ERS 的很多经验,虽然其上搭载的 SAR 也是工作在 C 波段,采用 HH 单极化方式,但采用电扫天线,具有 7 种工作模式,分辨率从 10 m 到 100 m 可变,重复观测周期为 24 天,观测带宽可达 500 km,天线视角在 10° 和 60° 之间变化。RADARSAT-1 可提供全球冰情、海洋和地球资源数据。

(2)双极化 SAR

ENVISAT-ASAR:ESA 于 2002 年 3 月发射成功的一颗最新研制的环境卫星 ENVISAT 上的有效载荷共有 10 种,其中有先进合成孔径雷达(Advanced Synthetic Aperture Radar,ASAR)。ASAR 工作在 C 波段,可为每个轨道联系获取 30 min 图像。它继承了 ERS-1/2 AMI(Active Microwave Instrument)中的雷达成像和波模式,增大了宽幅覆盖范围和入射角范围,并升级为双极化工作模式。ENVISAT 是一个先进的极轨对地观测卫星,对大气、海洋、陆地及冰川进行持续观测,确保 ERS-1/2 卫星对地观测任务的延续,支持地球科学的研究,监测环境和研究气候变化的演化过程,并将促进遥感技术向着实用化、商业化应用的方向发展。ASAR 为多模式工作方式。ENVISAT 卫星 ASAR 传感器共有 5 种工作模式:成像(Image)模式、交替极化(Alternating Polarization)模式、宽扫描(Wide Swath)、全球监测(Global Monitoring)模式、波(Wave)模式。其中,前 3 种模式供国际地面站接收。全球监测(Global Monitoring)模式的分辨率为 1 000 m,大宽幅;而波(Wave)模式,分辨率为 10 m,小宽幅,非常精确。这 2 种模式仅供欧空局地面站接收用于军事使用。其中,交替极化模式可使目标同时以垂直极化和水平极化方式成像,用户可根据应用需求从 VV、HH 和 HV、VV 和 VH 这 3 种极化组合中选择相应的双极化数据。

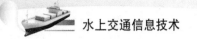

（3）全极化 SAR

①SIR-C/X-SAR

1994 年，NASA、DLR 和 AS 共同进行了 SIR-C/X-SAR 任务，分别在 1994 年 4 月 9 日至 20 日、9 月 30 日至 10 月 11 日进行了飞行。SIR-C 由 NASA-JPL 负责研制，是第三台用于航天飞机试验的成像 SAR，为双波段雷达（L 波段和 C 波段），采用全极化（HH、HV、VH 和 VV）方式。X-SAR 由 DLR 和 ASI 共同建造，为单波段雷达（X 波段），采用 VV 极化方式。两部雷达系统共用一副天线。SIR-C/X-SAR 首次实现了利用多波段、多极化 SAR 从空中对地球进行观测，有助于帮助人们理解研究海洋现象背后的物理机制。

②PALSAR

2006 年 1 月 24 日，日本成功地发射了其先进对地观测卫星 ALOS。ALOS 卫星上搭载有 L 波段相控 SAR（PALSAR），用来全天时全天候对地观测，能够获取高分辨率全球观测数据。PALSAR 以如下操作模式运行：

· 高分辨率模式，7 m 分辨率，按 40 km×70 km 标准分幅；

· 扫描模式，100 m 分辨率，按 250 km×350 km 标准分幅；

· 极化模式，24 m 分辨率，按 20 km×65 km 标准分幅，极化（HH、HV、VH 和 VV）方式。

③TerraSAR-X

德国于 2007 年 6 月在拜科努尔发射场成功发射其首颗雷达成像卫星 TerraSAR-X。TerraSAR-X 是工作在 X 波段上的新一代高分辨率卫星，重达 1 t，工作寿命至少 5 年，由 DLR 和 EADS 公司合作开发。TerraSAR-X 能获取分辨率为 1 m 的数据，不受天气状况、云层覆盖和光照的限制。TerraSAR-X 的重访周期为 11 天，具备观测到轨道两侧的能力，也就意味着每 4.5 天就可以重复观测地球上的任意一点，甚至其中 90% 的点可以每两天被覆盖一次。TerraSAR-X 具有为全极化方式。TerraSAR-X 以 3 种不同的操作模式运行：

· spotLight 成像模式，1 m 分辨率，按 5 km×10 km 标准分幅；

· StripMap 成像模式，3 m 分辨率，按 30 km×50 km 标准分幅；

· ScanSAR 成像模式，16 m 分辨率，按 100 km×150 km 标准分幅。

④RADARSAT-2

加拿大于 2007 年 12 月 14 日发射其第二颗雷达卫星 RADARSAT-2 卫星。该卫星几乎保留了 RADARSAT 的所有优点，采用更先进的技术，功能更强大，是目前世界上最先进的商用 SAR 卫星。RADARSAT-2 采用多极化工作模式，大大增加可识别地物或目标的类别，可为用户提供 3 m、8 m、25 m、30 m、50 m、100 m 等多种分辨率图像、宽幅 10~500 km 范围的雷达数据，用于监测全球环境和自然资源的变化。RADARSAT-2 除了保留 RADARSAT 的所有模式外，还提供许多新的成像模式，如全极化、超精细以及 3 m 分辨率波束等。

⑤UAVSAR

搭载在 NASA 无人航空飞机上的 SAR（UAVSAR）是一个很适合监测海面溢油的传感器系统。UAVSAR 是一个机载、全极化、侧视、L 波段的雷达系统。它能够提供完整的散射场特性，记录 HH、VV、HV 和 VH 极化雷达回波的强度和相位。UAVSAR 单视图像在倾斜距离方向上具有 1.7 m 的分辨率，在沿轨方向上具有 1 m 的分辨率，提供高空间分辨率。这对于研究高度不均匀、异质性和空间复杂的湿地是很必要的。此外，它的操作是基于一个机载平台，在位置和时间上能够更加灵活地承担更多的野外勘察。UAVSAR 能够在 5 min 以内重访轨迹并且保持稳定的视角方向操纵实时电子天线波束。精确的重访轨迹能力可以提供相同的交叉轨道入射角变化,在重复轨迹上保证重访数据的收集。此外,UAVSAR 能够提供比卫星雷达信噪比更高的数据。

6.3.2　SAR 成像原理及成像特征

雷达是利用电磁波微波信号探测目标的主动传感器,主要由发射机、天线以及接收机组成。雷达运行的基本原理是:让天线发射一个由发射机产生的脉冲信号,脉冲信号经过目标反射回天线并被接收机接收。发射和接收之间的时间间隔决定了雷达的"射程",也就是目标与传感器的距离。获得更好的方位角分辨率的最简单的办法是使用一个带宽较窄的波束,通过一个更大的天线来获得这个波束宽度。拥有一个更大的天线并不意味着雷达系统需要一个实实在在的大型天线。大型天线可以通过合成孔径处理,例如 SAR 来实现。

SAR 是一种主动式成像方式,不依赖可见光等因素,能够实现全天时的对地观测。SAR 成像过程的几何关系如图 6.2 所示。图中传感器平台沿着 x 的方向以速度 v 做匀速直线运动,雷达以侧视的方式工作,侧视照射的角度为 φ。沿平台飞行的方向称为方位向,沿着波束照射的水平投影的方向叫距离向。

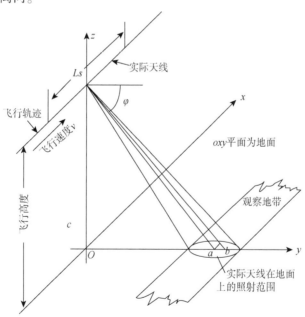

图 6.2　SAR 成像过程的几何关系

(1)辐射特征

SAR 的信号 x 的均值为 $E[x] = \sigma^2$,方差为 $v[x] = \dfrac{\sigma^2}{\sqrt{N}}$,其中 σ 为后向散射系数,N 为视数,SAR 的辐射分辨率为:

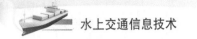

$$\delta_{\mathrm{d}} = 10\lg\left(\frac{1 + SNR}{SNR\sqrt{N}}\right) \tag{6.1}$$

其中：SNR 为 SAR 的单视图信噪比，可由式(6.2)计算得出：

$$SNR = \frac{p_{\mathrm{ave}}\,G^2\,\lambda^3\,\sigma_0 c}{256\,\pi^3\,R^3 KT\,B_{\mathrm{T}}\,F_{\mathrm{n}}\,L_{\mathrm{S}} v \sin\theta_{\mathrm{i}}} \tag{6.2}$$

其中：p_{ave} 是平均发射率，G 为天线增益，λ 为雷达波长，σ_0 为地面目标归一化后向散射系数，c 为光速，R 为雷达与反射体的距离，K 为玻尔兹曼常数，T 为接收机温度，B_{T} 为发射信号带宽，F_{n} 为接收机噪声，L_{S} 为系统损失，v 为平台运动速度，θ_{i} 为雷达波入射角。

(2)噪声特征

SAR 成像是通过对目标照射并对后向散射信号相干检波来获得方位向的高分辨率的，而且从地面散射回来的信号是不同地面目标后向散射信号的相干总和。反射信号之间的干涉产生斑点噪声，使得图像上均匀目标表面产生明暗相间的斑点效果。有的像素呈亮点，有的像素呈暗点，降低了图像的分辨率，模糊了图像的结构。斑点噪声是 SAR 自身所固有的原理性缺陷，斑点噪声可视为一种乘性噪声，定义为：

$$I = nR \tag{6.3}$$

其中：R 是原图像强度，I 是观察图像强度，n 是相干斑点噪声。

常用来描述斑点噪声的统计分布模型包括瑞利模型、伽马模型、对数正态分布、K 分布、韦布尔分布等。消除斑点噪声的最直接的方法就是通过多视处理，将合成孔径分为若干孔径，在每个子孔径中分别进行方位压缩，改变各自子回波之间的相位关系，再将各个子孔径的图像做非相干相加，从而使相干斑点得到抑制，但这种方法会降低图片的方位分辨率。

目前，消除斑点噪声的主要方法是滤波方法。常用的滤波方法有低通滤波、结构滤波、自适应滤波等。

(3)目标几何特征

一般来说，SAR 影像上的目标可分为点目标、线目标、面目标。点目标对于测定雷达的实际分辨能力、系统总体传递函数、天线方向图等具有重要意义。溢油检测中常见的海面溢油目标为线目标和面目标。线目标如溢油区域的边界与自然油膜的边界相比更锐利，灰度梯度更大。面目标的检测主要依据的是其均值、纹理等。

(4)灰度统计特征

SAR 接收到的回波信号被转换成电信号，以一定的灰度色调记录下来。图像灰度值的幅度特征、直方图特征是最基本的灰度特征，在此基础上，一阶灰度统计特征(如均值、方差、偏度、峰度、能量、熵)和二阶灰度统计特征(如自相关、能量、惯性矩、熵、绝对值)也经常用于 SAR 影像的特征分析。

(5)纹理特征

纹理指某一区域的粗糙度或一致性，它不是一个精确的、定量的特征值。纹理特征会随着雷达波的入射角、波长变化。图像局部区域的纹理特征是目标分类的重要依据，如何定义和计算局部纹理特征，在目标分类中非常重要。纹理特征可分为空域和频域(如功率谱等)。

6.3.3　SAR 分类

SAR 按照发射机和接收机的安装位置可以分为单基 SAR 和双基 SAR。单基 SAR 表示发射机和接收机安装于同一平台;双基 SAR 表示发射机和接收机安装于不同平台,为收发双置。SAR 类型示意图如图 6.3 所示。

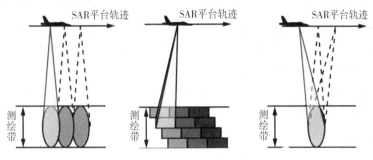

图 6.3　SAR 类型示意图

SAR 按照成像模式可以分为条带 SAR、扫描 SAR 和聚束 SAR。

(1)条带 SAR:最常见的 SAR 模式,在该模式下,天线波束指向保持不变,随着平台的运动,天线波束均匀扫过目标区域,形成一个扫描带。

(2)扫描 SAR:在平台运动的过程中,天线波束沿距离方向周期性扫描,形成多个扫描条带,扩大了扫描区域。但由于每个条带波束停留的时间有限,因此,方位向分辨率有所下降。

(3)聚束 SAR:在平台运动过程中,天线波束始终指向某一固定区域,因此该区域能够得到长时间的照射从而获得更高的方位向分辨率。但缺点是只能对某一个区域进行成像,对于整个区域来说,图像是不连续的。

根据不同的用途,SAR 还包括:

(1)高分辨率 SAR:使用宽带或超宽带信号,以实现亚米级或厘米级的高分辨率。

(2)干涉 SAR:由两个不同位置的接收机对同一区域进行观测,或是同一接收机在不同位置对同一区域进行两次观测所获得的复数图像进行处理,获取区域的高程信息,进行 3D 成像。

(3)多极化 SAR:使用不同的极化方式(HH、VV、HV、VH)对区域进行成像,区分出具有不同散射特性的物体,对地面进行精细分类。

(4)动目标 SAR:将 SAR 技术与动目标指示(MTI)结合,在军事上可用于探测地面运动目标,为执行作战任务提供目标位置信息。

6.3.4　SAR 工作模式及工作特点

6.3.4.1　工作模式

(1)条带合成孔径雷达(条带模式)

在这种模式下,随着雷达平台的移动,天线的指向保持不变,天线基本上匀速扫过地面,得

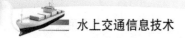

到的图像也是不间断的。该模式对于地面的一个条带进行成像,条带的长度仅取决于雷达移动的距离,方位向的分辨率由天线长度决定。

(2)扫描合成孔径雷达(扫描模式)

这种模式与条带模式的不同之处在于,在一个合成孔径时间内,天线会沿着距离向进行多次扫描。这种模式牺牲了方位向的分辨率(或者方位向视数)而获得了较宽的测绘带宽。扫描模式能够获得的最佳方位分辨率等于条带模型下的方位分辨率与扫描条带数的乘积。

(3)聚束合成孔径雷达

扩大感兴趣区域(有限圆域)的天线照射波束角宽,可以提高条带模式的分辨率。这一点可以通过控制天线波束指向,使其随着雷达掠过照射区而逐渐向后调整来实现。波束指向的控制可以在短时间内模拟出一个较宽的天线波束(也就是说一个短天线),但是波束指向不可能永远向后,最终还是要调回前向。这就意味着地面覆盖区域是不连续的,即雷达一次只能对地面的一个有限圆域进行成像。

(4)逆合成孔径雷达

到目前为止,我们考虑的都是目标静止而雷达移动的情况,然而在目标移动而雷达静止的情况下,SAR 同样可以工作。这种相反的工作模式称为逆合成孔径雷达。逆合成孔径雷达的一个例子就是用地基雷达跟踪卫星导航。这个概念可以推广到雷达和目标都运动的情况,例如用机载或星载合成孔径雷达对波涛汹涌的海面的舰艇进行成像。

(5)双站合成孔径雷达

在这种模式下,接收机和发射机分别置于不同的位置,对于遥感 SAR 来说,接收机和发射机通常很接近,可以近似成单基模式。

(6)干涉合成孔径雷达

在这种模式下,雷达可以通过复数图像的后处理来提取地形高度和移位。将两幅在同一空间位置(差分干涉合成孔径雷达)或间隔很小的两个位置(地形高度干涉合成孔径雷达)获得的复数图像进行共轭相乘,就能得到一幅具有等高度线或等位移线的干涉图。

6.3.4.2　工作特点

(1)天线相对于目标的确定规律运动是 SAR 获得高方位分辨率的关键所在。如果没有这种运动,SAR 便不能获得高方位分辨率。

(2)SAR 的理论方位分辨率为 1/2,与目标距离无关。SAR 天线与固定孔径的真实天线不同。其孔径长度正比于目标距离,从而抵消了真实孔径雷达分辨率随距离的变化。

(3)SAR 的作用距离与目标距离的三次方成反比。而在普通雷达中,其作用距离与目标距离的四次方成反比。这可解释如下,根据雷达散射理论可知,作用距离比例于 $\dfrac{\sigma}{r^4}$,这里 σ 为目标的平均后向散射截面积。普通雷达中的目标被理解为孤立的目标,其 σ 取固定值。但是,SAR 一般是对广布的地面目标成像,σ 比例于天线波束照射区域的大小,即 σ 比例于 r。由此产生了 SAR 的作用距离反比于 r^3 的特点。

(4)星载 SAR 是 SAR 的一种空间应用形式,与机载 SAR 相比,它具有下列特点:由于飞行高度高,天线波束的照射范围很大,因而 SAR 的数据量将有几个数量级的扩大;又由于飞行得很快,所以数据的更新频率也呈数量级加快。地球自转造成的目标走动和大合成孔径引起的距离弯曲效应必须在信号处理中消除(或补偿)。卫星轨道和姿态数据具有不确定性。为了得到更精确的成像参数,通常引入从 SAR 数据流中提取相关参数值的杂波锁定和自聚焦功能。飞行速度快和覆盖范围宽,使速度模糊和距离模糊的相互制约关系更加明确。

6.3.5 SAR 分辨率

除了干涉式合成孔径雷达以外,雷达图像通常是二维的。因此,雷达图像的空间分辨率特性通常用距离向和方位向的二维几何分辨率来表征。

雷达图像的距离分辨率 ρ_r 由雷达波形的时间分辨率 τ 或发射波形的频带宽度 B 决定。

$$\rho_r = \frac{c\tau}{2} = \frac{c}{2B} \tag{6.4}$$

其中:c 为光速。上式对于真实孔径雷达和合成孔径雷达都是适用的。在普通雷达中,τ 理解为所发射脉冲的宽度;在脉冲压缩雷达中,τ 理解为经压缩处理后的脉冲宽度。可以证明,上式与 SAR 的脉冲响应函数在距离向的波束剖面的 3 dB 点主瓣宽度是一致的。注意,这个分辨率发生在雷达与目标的连线方向上,称为斜距分辨率。在应用中还要考虑脉冲压缩(又叫距离压缩)过程中加权函数所引起的波形展宽系数 k_r 以及处理电路不理想性(幅度和相位特性失配、非线性等)所引起的波形展宽系数 k_m。于是我们得到:

$$\rho_r = \frac{c}{2B} \times k_r \times k_m \tag{6.5}$$

在对地面成像的雷达中,我们更关心的是正交于航迹方向的沿地表的地距分辨率 ρ_{gr}。ρ_{gr} 和 ρ_r 之间的关系为:

$$\rho_{gr} = \frac{\rho_r}{\sin\theta_i} = \frac{c}{2B\sin\theta_i} \times k_r \times k_m \tag{6.6}$$

其中,θ_i 是雷达波束在目标处的入射角(从地表法线方向起算)。考虑到地表的曲率,入射角 θ_i 与雷达视角 θ_L(又称为天底偏角)是不相关的。

方位分辨率:在 SAR 中,通过尺寸为 l 的较小的真实天线的运动来等效地合成一个长天线 L_s,从而把方位分辨率提高 L_s/l 倍,形成合成孔径的最大相干积累时间 T_a,则 T_a 由下式决定:

$$T_a = \frac{r_0 \times \beta}{v_a} \tag{6.7}$$

其中:r_0 为天线与目标之间的最短距离,β 为真实天线的方位波束宽度,v_a 为载机的飞行速度。显然 T_a 就是真实天线飞过其波束地面覆盖区的时间。SAR 的最大长度为:

$$L_s = v_a \times T_a = r_0 \times \beta \tag{6.8}$$

因此机载 SAR 的方位分辨率公式为:

$$\rho_a = \frac{1}{2}\frac{\lambda}{L_s}r_0 = \frac{\lambda}{2\beta} = \frac{l}{2} \tag{6.9}$$

以上是从 SAR 的角度来讨论问题的。机载 SAR 的方位信号的相位历程是二次型的,即具

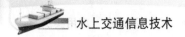

有线性调频信号的特征,经过压缩处理后,将得到 $\sin x/x$ 型响应。其主瓣的时间分辨率等于信号方位频宽的倒数。在最大相干积累时间 T_a 内,方位信号的多普勒频宽 B_d 等于多普勒速率 $\dot{f}_d$ 与 T_a 的乘积,即:

$$B_d = \dot{f}_d \times T_a \tag{6.10}$$

因此有:

$$\rho_a = v_a \times \frac{1}{B_d} = \frac{v_a}{\dot{f}_d \times T_a} \tag{6.11}$$

式中:

$$\dot{f}_d = \frac{2\,v_a^2}{\lambda\,r_0} \tag{6.12}$$

从 SAR 的角度来看,多视处理就是把整个合成孔径分成一些子孔径进行处理,然后把各个子孔径对应的图像非相干地叠加起来,从而平滑了斑点噪声。但是,由于处理的是一些较小的子孔径,所以方位分辨率便相应降低了。从频域的角度来看,多视处理相应于把回波信号的多普勒频带分成一些子频带进行处理,然后把各个子频带相应的图像非相干地叠加起来,达到平滑斑点噪声的目的。

6.3.6 海洋 SAR 应用

6.3.6.1 内波 SAR 遥感

(1)内波 SAR 成像机理

SAR 工作在微波频段,虽然不能穿透海水,却能观测到水下几十米,甚至几百米深度的海洋内波。这是由于内波在传播过程中引起的海表面流场的变化调整了海表面微尺度波的分布,从而改变了海面的后向散射强度,在 SAR 影像中表现为亮暗条纹。

理论与实验表明,内波 SAR 成像主要包括以下三个物理过程:第一,内波在传播过程中引起海表面流场发生辐合和辐散的变化;第二,变化的海表面流场通过调制海表面微尺度波,改变了海面粗糙度;第三,雷达波与海表面微尺度波相互作用产生 Bragg 散射。

(2)内波 SAR 成像特征

通过对大量内波 SAR 影像的分析可知,内波在 SAR 影像中主要表现为亮暗相间的线性或弧形条纹,其成像机制与表面流速变化引起的布拉格散射调制密切相关。内波通常以包含多个孤立子的波包形式传播,波包间存在显著间距,但少数情况下也可观测到以独立单孤立子形式传播的现象(多见于能量耗散阶段)。沿内波传播方向观察,波包内孤立子的波峰线长度和相邻孤立子间距均呈现梯度递减趋势。这一空间衰减规律与内波能量随传播距离非线性耗散的动力学特性一致。

此外,内波波峰线弯曲的程度还与地形有关,大气内波也容易与海洋内波发生混淆。SAR 影像上内波条纹暗亮的先后顺序还与内波的极性有关;对于下凹形内波,图像上的条纹表现为先亮后暗;对于上凸形内波,图像上的条纹则表现为先暗后亮。因此,结合以上特征可以对 SAR

影像上的内波加以识别。

内波 SAR 遥感的发展为海洋内波提供了丰富的观测资料,是海洋内波探测的有效手段。它不仅为海洋内波的数值模拟提供支持,同时利用遥感数据可以提取内波参数特征、分析内波生成机理等,基于大量遥感数据统计的海洋内波时空分布特征更为海上工程作业、水上交通以及水下航行的潜艇提供参考。

6.3.6.2 海浪 SAR 遥感

海洋中存在着各种形式的波动,海浪则是人们凭视觉就可以感知的一种海洋表面波动。海浪通常是由风在海面上吹行而产生的风浪及其传播所导致的涌浪构成。风浪是当地风直接作用形成的海浪。在当地风区域内,风速骤降或风向骤变,可能使风浪变为涌浪。风浪的波长一般为几十米至几百米,涌浪的波长一般为几百米至几千米。系统研究海浪,不仅可以理解海浪的生成计值、内部结构和外在特征,而且对国防、航运、造船、港口和海上石油平台的建设和安全都具有重要意义。

实际海洋中的海浪是一种十分复杂的现象,人们通常近似地把实际的海洋波浪看作简单波动(正弦波),一般从简单波动入手研究海洋波动。在简单波动理论的条件下,用于描述海浪的主要特征量包括波形、波向、波高、周期、波速和波长等。实际上,由于海浪具有随机性,所以很难用流体动力学中的可确定的函数形式来描述海浪。以随机过程描述海浪引出了海浪方向谱的概念,海浪方向谱构成了海浪研究中的核心问题之一。海浪方向谱是描述海浪关于波能量分布的一个重要物理量。海浪在某个时空的所有统计性质,均可由海浪方向谱获得。SAR 作为迄今为止公认的最有效的空间传感器,对人类的贡献之一是可以连续对海面进行大规模的观测,从而获取海浪方向谱,解决常规观测无法解决的问题,为国防、航运、造船、港口提供重要的海浪信息。但是,SAR 观测海浪时有两个主要的缺陷:一个缺陷是从 SAR 影像上观察到的海洋表面的波动存在方位向上的多普勒偏移,导致图像谱的失真以及严重的方位向截断;另一个缺陷是 SAR 只能提供长波海浪的观测信息。这种限制依赖于海浪传播与运行轨道相对方向。当海浪沿卫星轨道方向传播时,只有大于 150~200 m 的海浪才能被 SAR 监测到。

海浪 SAR 遥感基础是海浪改变了海面粗糙度,进而影响了后向散射信号的强弱。描述海面后向散射一般采用双尺度模型,即将海面波动按照其长短分解为作用不同的两部分,长波部分调制短板,使短波散射的电磁波信号的分布与长波发生关系。假设海是由众多含有粗糙小波的散射面元组成,每个散射面元的回波都是由这个散射面元内的与电磁波波长大小约为同一量级的 Bragg 波通过 Bragg 散射机制产生的。SAR 后向散射回波可以表示为在 SAR 的不同位置所接收的来自某个海面散射面元散射回波的叠加。Bragg 波又依次在方向、能量和运动上受到更大尺度波的调制,从而使海面在 SAR 影像上成像。经过多年研究,人们对海浪 SAR 成像的主要机制已经有了较为统一的认识。波长较长的海浪通过对海面微尺度波的调制作用而成像。这些调制作用包括倾斜调制、水动力调制和速度聚束调制等。

(1)倾斜调制

海浪中长涌浪的存在,改变了雷达对 Bragg 波共振的响应方式。长涌浪本身存在角度,使散射面元的法线方向产生变化,导致雷达入射角发生改变,从而引起后面散射信号强度的改变。倾斜调制作用最明显的是那些沿着距离向传播的波浪,当波面朝向雷达时后向散射最强,背离时最弱。随着海浪传播方向、方位向平行,倾斜调制作用的影响逐渐减小。当海浪沿方位向传播时,波峰、波谷线与雷达距离方位平行,倾斜调制作用不会发生。如果仅存在倾斜调制,则传感器接收返回的后向散射后,成像得到的就是明暗相间的 SAR 影像。倾斜调制的大小与短波能量谱分布有关,也与雷达对平均海面的观测角和长波的传播方向有关。倾斜调制传递函数可由 Bragg 散射理论以及双尺度模型给出:

$$T_t = ik_r \frac{4\cot\theta}{1 \pm \sin^2\theta}$$ (6.13)

其中:正负号分别表示垂直极化和水平极化两种不同的极化方式,$k_r = \pm k\sin\varphi$ 为 k 在雷达视角上的分量,正号对应左视,负号对应右视,方向角 φ 是长波传播方向与卫星飞行方向的夹角。倾斜调制是纯粹的几何效应,属于线性调制。

（2）水动力调制

水动力调制是指海面 Bragg 波的振幅受长波相位调制的流体动力过程。海面并不是由幅度均匀的 Bragg 波叠加在长波上构成的。长波会调制 Bragg 波的幅度,导致后向散射截面在长波上分布不均。长波改变海面,生成汇聚区和发散区。在长波波峰附近,Bragg 波振幅会随着汇聚表面速度场在波浪上升边缘上的推移而增加,而波谷附近的 Bragg 波振幅相应减小。正是这种长波与短波的流体力学相互作用,长波才会调制 Bragg 波的能量和波束。其调试传递函数如下:

$$T_h = -4.5kw \frac{\omega - i\mu}{\omega^2 + \mu^2} \sin^2\Phi$$ (6.14)

其中,T_h 为水动力调制函数,k 为波数,ω 为角频率,μ 为衰减因子,用来描述短波对长波调制的响应,Φ 为方位角,是方位向与长波传播方向之间的夹角。

倾斜调制和水动力调制都是线性关系,只改变返回电磁波信号强度,不会改变电磁波本身的频率。这两种调制作用不会造成海面目标点在 SAR 影像上位置的变化。

（3）速度聚束调制

速度聚束调制是由长波的轨道速度引起的。长波的轨道速度使叠加在上面的微尺度波散射面元产生上下的运动。这个上下的运动速度会改变目标的多普勒频移,从而改变目标在 SAR 影像中的位置。这种错位取决于长波轨道速度大小,而轨道速度大小又与它的平均频率和波高成比例。

SAR 利用多次接收同一点反射回波信号来提高方位向的成像分辨率。由于雷达本身存在运动,其多次接收同一点的回波信号会产生多普勒效应,此时可通过雷达集成算法消除。但是,长波运动也会产生相应的多普勒效应。当长波沿方位向传播时,波峰前方海域产生一个向上的附加速度,从而产生正的多普勒频移,使目标向 SAR 影像的正方位向移动,而波峰后面海域向 SAR 影像的负方向方位移动。如果长波轨道速度导致散射目标在图像上的位移与波长之比不太大,即位置量是波长的几分之一,那么速度聚束效应是线性的。在 SAR 影像上,波浪在波峰附近黑暗,在波谷附近明亮。但是如果错位的位移等于或大于一个波长,速度聚束作用则表现为 SAR 在方位向上无法分辨出高于某个波数的波浪。

6.3.6.3 海面风场 SAR

海面风场是海洋学中重要的物理参数,在海洋表面调制过程中起到了重要的作用。它是驱动区域和全球海洋环流的主要动力,也是海面波浪形成的最大动力源,还能调制海洋与大气之间的热通量、水汽通量以及气溶胶粒子通量,影响区域和全球气候,对于海上航行、海洋工程和海上作业等有着直接的影响。因此,海面风场的监测对于理解海洋与大气之间的相互作用以及开展海洋、大气领域的相关研究,进行海上活动保障等至关重要。

星载 SAR 在本质上是一个侧视雷达。该雷达以中等入射角向地球表面发射电磁波并接收通过后向散射返回到雷达的后向散射功率。虽然 SAR 与微波散射计在工作原理上有所差异,但是两者的微波散射机理是相同的。在 20° 到 60° 的入射角的条件下,海面后向散射主要依赖于投影到海面的电磁波波长相匹配的波。这个波被称为 Bragg 波。表面粗糙度是影响雷达后向散射的主要因素:光滑表面反射雷达电磁波;中等粗糙度表面将很小一部分入射波返回给雷达;大的粗糙度表面对入射波的散射几乎各向同性,可以反射回更多的雷达信号。雷达入射波照射到海面时除了发生反射和折射外,还有一部分发生投射,各部分比例取决于海面粗糙度、入射波长、海面介电常数等因素。目前,微波遥感使用频段对海面穿透较浅,因此雷达后向散射几乎全部发生在海面,雷达回波主要由海面状况决定。海面风场与厘米尺度的海面粗糙度有关,由风生成的风浪主要为厘米尺度的毛细重力波。风速越高,毛细重力波越多,海面也越粗糙。因此,通过 SAR 探测雷达后向散射,可间接建立海面粗糙度与风之间的关系。

在非常低的风速条件下,海面平滑近似镜面,在微波频率条件下,雷达辐射的反射能量远离雷达,从而难以获取后向散射功率。随着风速的增加,海表面粗糙度以及后向散射功率增加,当只考虑雷达视向与风向之间的关系时,风吹向雷达时雷达接收的后向散射功率大于风吹离雷达时的后向散射功率。后向散射功率的变化可以与星载 SAR 的观测几何以及遥感观测海面风速和风向建立一个函数关系。尽管关于后向散射的理论得到了一定的发展,但通常后向散射与风速和风向以及雷达几何之间的函数关系是通过经验方式确定的,这个经验函数关系被称为地球物理模型函数。对于给定的风速和风向以及雷达几何,可以唯一确定归一化雷达横截面积,但该经验关系的逆是非唯一的,即对于给定的归一化雷达横截面积,即使已知雷达几何,仍可能存在多个风速和风向的解。通过多个视向和入射角观察是星载散射计求最优解海面风向的基本原理,但 SAR 只有单一视向,因此反演方法略有不同。

目前,星载 SAR 的工作频段包括 L 波段、S 波段、C 波段以及 X 波段。其中,用于海面风场遥感探测的 SAR 主要工作于 C 波段和 X 波段。SAR 极化方式包括同极化(VV/HH)和交叉极化(VH/HV),早期 SAR 的极化方式主要为同极化,并朝着多极化方向发展。不同的工作波段以及不同的极化方式发展出了不同的 SAR 海面风场反演方法。

6.3.6.4　海冰 SAR 遥感

海冰是全球气候系统里最重要的组成部分之一,直接决定了海洋与大气之间的能量交换速率,对全球气候变化的影响非常显著,是全球变化研究的重要参数之一。海冰遥感监测最早是利用光学和红外遥感数据开展的,但光学和红外遥感影像受日照、云雾等天气条件影响较大,而冬季海上往往是多云、多雾、少日照的,所以无法实现对海冰进行全天时、全天候的监测。与光学和红外相比,工作在微波波段的 SAR,不受日照、云雾等天气的限制,具有全天时、全天候、高分辨率监测海冰的独特优势。

(1)海冰类型 SAR 探测

海冰类型不仅是海冰研究的核心参数,还是海冰面积和密集度等其他重要海冰参数获取的

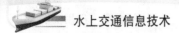

前提条件。现阶段,SAR已经成为国外海冰监测的主要传感器。SAR属于成像传感器,能够获取海冰和内部的微波散射信息。

因而,海冰类型识别研究不仅可以将SAR影像当成一幅图像进行分类,还可以利用海冰极化散射信息进行分类。

①浮冰

初生冰:所有最初形成的海冰的总称,初生冰都是由冻结的松散冰晶组成的,在风浪和外力作用下容易弯曲、破碎。

初期冰:尼罗冰向薄一年冰发展过程中的过渡冰型。

一年冰:由初期冰发展而来,生命期不会超过一个冬季。

②固定冰

沿岸冰:牢固冻结在海岸、浅滩上并依附生长的海冰,可以随着海面高度变化而做起伏运动。

冰脚:沿岸冰漂走后残留在岸上的部分,或由黏糊状的浮冰和海水飞沫冻结在海岸上聚集起来的冰带。

搁浅冰:退潮时搁浅在浅滩或滞留在潮间带的海冰。

现有海冰识别方法主要有:

①图像分类法:该方法将SAR影像看成具有相干斑点噪声的图像来处理,即通过使用新的SAR影像分割和分类方法,减小相干斑点噪声对SAR影像的影响,以便更好地获取不同海冰类型的边缘信息。

②基于实测数据分析的分类法:这是根据海冰极化散射特征进行分类的方法。通过现场实验,获取不同海冰类型的微波响应信号,然后通过分析建立规则,给出海冰分类方法。

③全极化分类法:该方法利用雷达极化特征来区分海冰类型。雷达极化信息直接反映了地物目标的散射特征,利用雷达极化属性对地物分类,越来越受到人们的重视。

(2)海冰厚度SAR探测

①海冰厚度分级反演方法

根据海冰类型的定义,不同类型海冰对应一定的厚度范围,因而基于海冰类型的识别结果,根据定义对每一类海冰定性地给出其厚度范围。这种方法可视为一种海冰厚度分级提取的方法,反演精度主要依赖于海冰类型的识别精度。

②海冰厚度经验模型反演方法

这种方法的主要思路是利用大量的现场实测海冰厚度数据和同步的SAR影像,分析海冰厚度和散射信息之间的相关性,结合海冰厚度和海冰盐度、介电常数等物理参数的经验方程,建立海冰厚度的经验或半经验模型。

③海冰厚度电磁散射模型反演方法

从理论上看,基于海冰厚度电磁散射模型,直接反推公式,得到海冰厚度的函数方程,是准确的海冰厚度定量反演方法。

6.3.6.5　溢油SAR探测

随着海洋石油资源的开发以及海上运输业的发展,石油引起的海洋污染问题日趋严重,海洋溢油污染已经成为海洋污染发生频率最高、分布面积最广、危害程度最大的一种。近年来,轮船的碰撞、海上油井和输油管道的破裂、海底油田开采泄漏等事件引起的海洋溢油事故频发,海洋环境受到严重污染,对沿海生态环境构成严重威胁,直接影响沿海经济和社会的健康与可持续发展。

目前,许多人员针对海上溢油 SAR 进行了大量的研究。

（1）赵朝方（中国海洋大学）

中国海洋大学赵朝方对星载 SAR 监测海洋溢油的基本原理进行了总结并分析了影响溢油监测的 SAR 参数及干扰 SAR 海洋溢油监测的各种因素,对搜集到的星载 SAR 数据进行处理,给出中国黄海海域的海上溢油分布的初步统计分析,表明了该海区的溢油主要分布在海上主要航线附近。

赵朝方研发海上溢油 SAR 卫星遥感监测系统,探索了建立中海油海上石油勘探开发作业海域业务化监测体系的可行性。研发的海上溢油 SAR 卫星遥感监测系统支持多种 SAR 数据处理,基于改进的凝聚层次聚类算法实现了 SAR 影像油膜自动识别与特征提取。该系统具有溢油区域置信度分析、多源多时相分析、溢油事故源回溯与分析等溢油识别结果综合分析功能,其中溢油识别和综合分析结果可与电子海图叠加显示,并可以生成溢油信息专题图。该系统的研发为海上溢油早期预警与溢油应急措施的有效实施提供了技术支持与决策依据。该系统基于纹理分析和人工神经网络建立了用于区别 SAR 影像中溢油现象和疑似溢油现象的模型;引入图像处理中的纹理分析以作为识别溢油现象的特征参量,并利用方差分析对计算的特征参量进行筛选以作为神经网络的输入,提高了溢油现象的识别精度。

赵朝方还研发了海上溢油自动识别和预警业务化系统。该系统基于 SAR 影像自适应阈值分割和分类器增强算法,实现了油膜自动识别,并将溢油遥感识别与漂移预测预警有效结合。该系统一方面提高了溢油监测效率和溢油识别准确率;另一方面提供溢油识别-预测-预警一体化信息。同时,基于 GDAL、OpenGL、TinyXML 和 HDF5 等开源库,对目前主要的卫星 SAR 传感器 ENVISAT、ERS、RADARSAT、TerraSAR-X、CosmoSkyMed 产品的数据及其属性进行读取、显示和保存。该系统对自主研发 SAR 数据处理软件的开发有一定的参考和借鉴意义。

（2）张杰（自然资源部第一海洋研究所）

自然资源部第一海洋研究所张杰将高分辨率 SAR 影像应用于岛礁探测,直观展示高分辨率 SAR 在小海岛识别和海岛开发工程监视监测等方面的应用,尤其提出利用 SAR 影像特征区分小海岛和船只的方法,同时提出将高分辨率 SAR 影像与中分辨率光学影像相结合的应用建议,助力我国海岛保护管理和监视监测工作。

紫外传感器对油膜非常敏感,可快速发现溢油,但存在误判;而 SAR 溢油探测的精度较高,两者相结合可准确探测溢油。无人机平台可低成本地实现溢油快速应急响应,无人机载 SAR 和紫外传感器的载荷重量小,可同时集成于无人机上开展联合溢油探测,以满足业务化监测需求。根据不同种类、厚度、在不同海洋环境条件下的溢油的紫外图像特征和 SAR 纹理特征、形状特征、散射特征,构建溢油特征数据库,并建立一种基于特征组合的溢油 SAR 与紫外联合探测方法;在此基础上研究对无人机数据获取模式和控制单元等的改造方案,进而实现溢油 SAR 和紫外图像的高效获取。

针对海洋 SAR 影像的特点,采用基于灰度共生矩阵的纹理分析方法,张杰提出适用于海洋

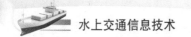

溢油 SAR 影像分类的纹理特征量;并讨论纹理特征量的筛选和纹理窗口大小等问题;最后采用人工神经网络方法验证 SAR 影像分类效果。

张杰利用 SAR 影像监测海上石油污染的理论依据和环境条件,并根据 RADARSAT 卫星装载的 SAR 影像对渤海 CB-6A 井组发生的原油(气)泄漏事件进行初步研究和分析:

(1)在适宜的天气条件下,SAR 可以有效地监测海上石油污染,甚至是常规手段观测不到的溢油污染。

(2)SAR 可监视和跟踪油膜漂移的方向和位置,指导航测、船测的进一步侦察和取证工作,减少飞行及出海的次数。

(3)利用 SAR 影像可以估算溢油的面积大小。

(4)利用 SAR 影像可以计算油膜的漂移速度。

(5)SAR 可进行溢油的早期监测预警工作,使国家对海区的溢油状况有准确的了解,促使近岸工厂或船舶根据政府的有关法规及时汇报污染事件。

(3)过杰(中国科学院烟台海岸带研究所)

SAR 遥感技术已成为海面溢油监测的重要手段,但由于海面溢油成像特征的复杂性,单一的遥感识别仍然存在较大难度。因此,过杰提出结合船舶自动识别系统(AIS)等辅助信息,对海面溢油进行判别,再利用边缘检测算法自动提取溢油信息的方法,并以 RADARSAT-2 数据为例进行案例分析。结果表明,该方法能够有效提高溢油识别和检测的准确性。将溢油、生物浮油和清洁海域的归一化雷达横截面与 11 像素归一化雷达横截面平均图像样本进行比较,能够确定 SAR 的归一化雷达横截面阈值。结果表明,溢油和生物浮油的阈值与相应的 SAR 影像表现出良好的一致性。

SAR 不受雨云影响,在灾害监测中发挥着越来越重要的作用,而利用灰度值或后向散射系数变化来判断溢油或浒苔是 SAR 常用的方法。为给海上污染物的清除提供技术支持,应用 RADARSAT-2 全极化数据和均值阈值法对海上油膜及浒苔的提取进行研究。利用图像分割求取后向散射系数均值 d,并用 d 除以重采样(10×10)平均值得比值 t,再根据 t 值选取得到油膜或浒苔的最小阈值,从而快速识别油膜或浒苔(悬浮与漂浮)面积。该方法提取油膜所得结果好于熵方法;提取悬浮及漂浮浒苔结果与熵方法、平均角方法所得结果吻合。该方法对海上油膜和浒苔的提取有效。

(4)邹亚荣(国家卫星海洋应用中心)

针对"桑吉"号油船事故,应用高分三号(GF-3)卫星进行信息的快速获取。GF-3 卫星具有全天候、全天时,能有效地对海上溢油进行探测等特点。为应对"桑吉"号油船碰撞应急事件,需要快速获取"桑吉"号油船附近海域的溢油信息,利用 GF-3 卫星的 VV、VH 数据开展溢油遥感监测,通过对 VV、VH 极化的海水、油水混合物进行散射分析,融合 VV、VH 极化对油水混合物、船只探测的散射特性,建立基于 VV、VH 极化特性的溢油遥感监测指数,快速提取溢油信息,在"桑吉"号油船碰撞事件中得到了有效的应用。

采用 ENVISAR-ASAR 数据,在分析溢油特性基础上,基于专家知识,开展一种区域种子扩散的方法进行图像分割研究,能够为溢油信息自动提取打下基础。该方法能够有效地分割出溢油信息,采用不同的阈值,产生不同的结果。这些结果与专家知识有关,在一定程度上受到人为影响,并且在分割后的图像的平滑与形状上存在误差。以南海 ENVISAT-ASAR 数据为例,在分析 SAR 数据的基础上,应用 ENVISAT-ASAR 绝对定标计算方法,计算后向散射系数,研究应用 SAR 进行海上溢油遥感监测的散射特性,计算目标及海面边界后向散射系数梯度均值与目标及海面后向散射系数均值差,并以两者结合作为区分海面油膜与自然现象的解译标志,从而为溢油识别提供依据。在分析 SAR 数据对溢油表现特征的基础上,选取溢油的几何参数、散射参数、纹理参数进行海上溢油的检测研究。从结果上看,几何参数的面积、周长、面积与周长比、复杂度,散射参数的后向散射梯度、均值差,纹理参数的均值综合,均可以用来对溢油进行检测。

在 SAR 影像处理的基础上,邹亚荣提出一种新的基于恒虚警率技术,确定 SAR 影像中检测溢油整体阈值的方法。该方法采用高斯分布(正态分布)作为 SAR 影像灰度的概率密度函数,由 CFAR 技术直接导出用于检测海上溢油整体阈值的计算公式来进行虚警去除。该算法避免了复杂公式迭代和求解形状参数计算过程,也避免了用二分法寻找阈值的循环解算过程,提高了检测速度。使用 ENVISAT 图像对该算法进行检验,结果显示,所提出的算法在检测精度和检测速度上都有明显的改进。以 ENVISAT-ASAR 为数据源,选择南海为例,采用 GLCM 方法对溢油的 SAR 纹理进行分析,计算海水与溢油的 GLCM 特征值。结果表明,采用变化、均值等特征对溢油的 SAR 纹理进行分析有很好的表现,从而为溢油信息的提取提供基础。

(5)刘善伟[中国石油大学(华东)]

针对全极化 SAR 与中分光学影像的融合问题,中国石油大学(华东)刘善伟提出基于主成分分析(PCA)与 HSV(色调、饱和度、明度)色彩空间变换的遥感影像融合方法。对全极化 SAR 的 4 个极化波段进行主成分分析,提取第一主成分,将中分光学影像变换到 HSV 空间,第一主成分替换 V 分量,用新的 V 分量逆变换到 RGB 空间,得到全极化 SAR 与中分光学影像的融合。通过利用 RADARSAT-2 全极化 SAR 与 TM/ETM+中分光学影像开展融合实验,结果表明,该方法优于传统融合方法(PCA 变换、HSV 变换、小波变换等)的单极化 SAR 与光学影像融合结果,能够有效利用全极化 SAR 的纹理信息,提高影像解译能力。面向对象分类方法能够降低 SAR 对融合影像的斑点噪声影响,地物总体分类精度优于高分光学影像,且对于极化信息敏感的地物,其分类精度明显优于高分光学影像。

利用 6 个极化特征进行溢油检测,通过对比分析这些特征对不同溢油的检测能力,得出单一极化特征在溢油检测中存在不足。通过 J-M 特征优选方法,提取出溢油检测识别度较高的特征影像,并利用遗传算法优化的小波神经网络进行溢油检测。利用 2 套 RADARSAT-2 全极化数据进行方法验证,结果表明,该方法优于其他检测方法,溢油检测精度分别达到 90.31% 和 95.42%。为提高海上溢油船舶 SAR 提取精度,验证模糊 C 均值算法与距离正则化水平集演化模型结合的方法提取 SAR 溢油信息的有效性;鉴于其无法避免细小噪声的影响以及薄油膜提取效果不好的问题,提出阈值和距离正则化水平集演化模型结合的溢油信息提取方法,通过阈值构建溢油区域初始轮廓,克服图像细小噪声对溢油提取的影响,更有利于提取薄油膜信息,溢油提取精度优于非监督分类方法和模糊 C 均值算法与距离正则化水平集演化模型结合的方法。

利用一种引入先验标签的多核学习方法进行全极化 SAR 的溢油信息提取,即基于分析结果对特征集进行遴选与组合,分别在每个特征组合中训练得到一个预备层核函数,以新获取的预备层核函数作为新的底层核函数,对全部特征进行学习分类。通过提取与分析溢油和海水的统计特征、物理散射特征和纹理特征,建立溢油全极化 SAR 特征谱,并利用引入先验标签的多核学习分类方法进行溢油提取实验。结果表明,该方法能够利用全极化 SAR 多维异构特征的

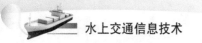

互补特性有效提高溢油分类提取精度。

6.4 遥感影像船舶目标识别方法

遥感影像中的目标检测是航空和卫星图像分析领域中的一个基本但具有挑战性的问题,在广泛的应用中起着重要的作用,近年来受到了极大的关注。

随着地球观测技术的飞速发展,卫星遥感技术进入了前所未有的新阶段,体现在空间分辨率大大提高,卫星重访周期不断缩短,从而可获得丰富的高精度数据源。例如,法国 SPOT-5 卫星全彩色图像的点分辨率可达 2.5 m;美国 QuickBird 全彩色图像的分辨率为 0.6 m,重访周期为 1~3.5 天;美国最先进的军事间谍卫星的分辨率为 0.05 m。而且,随着地球卫星成像系统的推广和实施,未来地球观测卫星会有更好的性能、更高的分辨率、更短的重访周期。由于船舶是海上实时监视重要目标,因此,具备准确、快速检测功能的地球观测卫星在分析船舶情况方面可以发挥关键作用。目前,在 VTS(Vessel Traffic System)监管中,对船舶的检测依赖于船舶 AIS。该系统能够自动识别船舶信息。但是在某些情况下,一些船舶的 AIS 可能因为故障无法发送识别信息,或者被人为故意关闭。探测诸如此类的"可疑"船舶就显得尤为重要。VTS 可获得实时船舶光学遥感影像,并且影像中的船舶目标已被识别,再将其与 AIS 船舶数据进行比对。若船舶光学遥感影像识别出的船舶没有相应的 AIS 信息,则此类目标需要进行重点监管。所以,将船舶光学遥感影像识别应用于辅助海上 VTS 监管具有实际意义。

6.4.1 遥感影像分类

SAR 是一种主动式的对地观测系统,可安装在飞机、卫星、宇宙飞船等飞行平台上,全天时、全天候对地实施观测,并具有一定的地表穿透能力。SAR 在灾害监测、环境监测、海洋监测、资源勘查、农作物估产、测绘和军事等方面的应用上具有独特的优势,可发挥其他遥感手段难以发挥的作用,越来越受到世界各国的重视。

SAR 影像记录的信息包括多种,即相位、振幅、强度等。SAR 是相干系统,斑点噪声是其固有特性。其图像处理的一个重要途径是在相干斑点噪声滤波后进行边缘提取和图像分割,滤波的结果在一定程度上抑制了斑点噪声的影响,但同时也会损失许多关键的图像信息,为 SAR 影像的进一步应用和处理带来困难。

SAR 影像具有全天时、全天候的工作特点,适合在各种恶劣的条件下完成侦察任务,但是图像分辨率相对于光学遥感影像而言较低,因此在用于目标识别的过程中,其检测精度不是特别理想。

光学遥感影像是指传感器工作波段在可见光波段范围内(0.38~0.76 μm)之间的遥感图像数据,是传统航空摄影侦察和航空摄影测绘中最常用的工作波段。遥感卫星在不同波段所拍摄的影像特点是不同的:在可见光波段,影像分辨率高,比较容易解译;在近红外波段,比较容易区分植被和水体;在短波红外波段,受大气影响小;在热红外波段,测量地表温度比较方便。

光学遥感图像的特征主要体现在空间分辨率和时间分辨率上面。相对于 SAR 影像而言，其空间分辨率通常比较高，一般情况下能够达到 1 m 左右。空间分辨率是指图像上能够分辨的最小单元所对应的地面尺寸，如图 6.4 所示，不同分辨率的图像所呈现的清晰程度不同。空间分辨率越高的影像，呈现的图像越清晰，有着更丰富的细节信息。

60 m   30 m   15 m

8 m   2 m   1 m

图 6.4　同一个目标在不同分辨率下的光学遥感影像

在时间分辨率方面，卫星在同一地方拍摄图像的时间由重访周期决定，而重访周期是由卫星和传感器的特性、地面带宽和地物所在纬度等因素决定的。

近年来，随着对地观测技术的飞速发展，卫星遥感进入了一个前所未有的新阶段，一批高空间分辨率、短重访周期的成像卫星涌现，为海域侦察和船舶目标监视提供了极为丰富的数据源。如法国 SPOT-5 卫星全色图像星下点分辨率为 2.5 m，重访周期为 1~4 天；美国 IKONOS 卫星全色图像星下点分辨率约为 1 m，重访周期为 3~5 天；美国 QuickBird 卫星全色图像星下点分辨率为 0.6 m，重访周期为 1~3.5 天；美国 GeoEye-1 卫星全色影像星下点分辨率为 0.41 m，重访周期为 2~8 天；美国 WorldView-2 卫星全色影像星下点分辨率为 0.46 m，重访周期为 1.1~3.7 天；而美国最先进的军用间谍卫星理论上可以获取 0.05 m 分辨率的高清图像。

因此，光学遥感影像在船舶目标识别中起到越来越重要的作用，在有光照和晴朗天气条件下，其图像内容丰富，目标结构特征明显，在海域船舶侦察尤其是船舶识别方面具有 SAR 影像不能比拟的优势，是 SAR 影像进行海洋目标监视的重要补充。

6.4.2　遥感影像目标识别方法

当前，从遥感图像提取船舶的过程包括的主要阶段有：海陆分离、确定感兴趣区域（ROI）、特征描述与目标筛选。一般来说，第一步技术目前已经相当成熟。在后两个步骤中，确定船舶目标识别的准确性和效率的方法引起了越来越多的关注，其中大多数现有方法使用"从粗到精"策略。

在确定船舶候选区域阶段，目前的主要方法是根据目标船与背景之间的差异来提取候选船。而算法之间的主要区别主要在于差异的计算方式以及提取的算法。例如，某些算法寻找具有不同强度的区域，而其他算法则检测不同的模式并偏爱在整个图像中寻找具有独特外观的区域。通常来说，计算差异的算法在简单场景中对船舶检测具有良好的性能，但在复杂场景中却

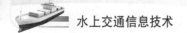

具有较差的性能,并可能导致误报。

基于这些问题,提出了如下解决方案:

(1)基于统计特征差异的新型视觉显著性,来检测并定位 ROI。

(2)提出超复杂的频域变换模型(HFT),该模型能够在一般的海面情况下对船舶检测有着高检测精度,且算法能够在更复杂的背景环境中提取 ROI。

(3)提出一种彩色图像的相位谱四阶傅里叶变换(PQFT)方法,该方法使用了 4 个遥感图像特征图作为四元数参数,且具有很强的图像特征表达能力。

通常,传统的 PQFT 方法不能取得良好的效果,不仅对目标区域的边界非常敏感,而且在复杂背景下检测到的目标区域也不完整。因此,它对于遥感图像的预处理和特征表示有着较高的要求。

6.4.3 图像预处理和特征表示

(1)直方图处理

直方图是对图像的一种统计结果,体现了图像中像素亮度的分布情况。每一幅灰度图像都有唯一确定的一幅直方图与之相对应。对于彩色图像(以 RGB)为例,它的 3 个通道分别对应一幅直方图。如图 6.5 所示,该图为光学船舶遥感图像及其对应的直方图。

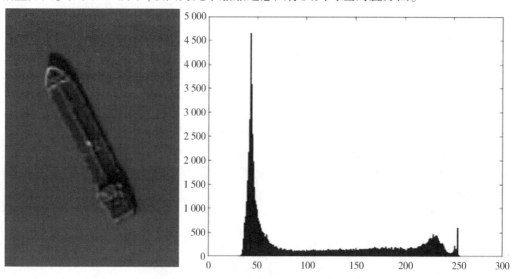

图 6.5　光学船舶遥感图像及其对应的直方图

灰度级的直方图就是反映一幅图像中的灰度级与出现这种灰度的概率之间的关系的图形。设变量代表图像中的像素灰度级,则在图像中,像素的灰度级可作归一化处理,其值将限定在 $[0,1]$ 或 $[0,255]$ 的范围之内。对于一幅给定的图像来说,每一个像素取得 $[0,1]$ 区间内的灰度级是随机的,也就是说是一个随机变量。假定它们每一瞬间是连续的随机变量,那么就可以用概率密度函数来表示原始图像的灰度分布。如果用直角坐标系的横轴代表灰度级,用纵轴代表灰度的概率密度函数,则可以针对一幅图像在这个坐标系中作一条曲线。这条曲线就是概率论中的分布密度曲线。

在某种意义上,像素被基于整幅图像的灰度分布的变换函数修改。这种全局方法虽然适用于整个图像的增强,但存在图像中小区域的细节也需要增强的情况。在这些区域中,一些像素的影响在全局变换的计算中可能被忽略,因为全局变换没有必要保证期望局部增强。解决方法是以图像中每个像素的邻域中的灰度分布为基础设计变换函数。

这种直方图处理技术很容易适应局部增强。该过程是定义一个邻域,并把该区域的中心从一个像素移至另一个像素。在每一个位置,计算邻域中的点的直方图,得到的不是直方图均衡化,就是规定化变换函数。这个函数最终用于映射邻域中心像素的灰度。然后,邻域中心像素被移至一个相邻像素位置,并重复该过程。当邻域进行逐像素平移时,由于只有邻域中的一行或一列改变,所以可在每一步移动中,以新数据更新前一个位置来得到直方图。

（2）形态学图像处理

①二值图像

二值图像（Binary Image）表示一幅数字图像,但是其亮度值只有 2 个,即 0 和 1。0 代表黑,1 代表白;或者 0 表示背景,而 1 表示前景。其保存也相对简单,每个像素只需要 1 bit 就可以完整存储信息。同样尺寸的图像,二值图像保存的信息更少。二值图像上的每一个像素只有 2 种可能的取值或灰度等级状态,经常用黑白和单色图像表示二值图像。

②膨胀运算

膨胀运算是在二值图像中"加长"或"变粗"的操作。这种特殊的方式和变粗的程度由一个称为结构元素的集合控制。实际上,将结构元素的原点与二值图像中的 1 重叠,将二值图像中重叠部分不是 1 的值变为 1,完成膨胀。膨胀运算只要求结构元素的原点在目标图像的内部平移。结构元素在目标图像上平移时,允许其中的非原点像素超出目标图像的范围。膨胀运算具有扩大图像和填充图像中比结果元素小的成分的作用,因此在实际应用中可以利用膨胀运算连接相邻物体和填充图像中的小孔和狭窄的缝隙。

③腐蚀运算

腐蚀运算与膨胀运算相反,对二值图像中的对象进行"收缩"或"细化"。实际上,将结构元素的原点覆盖在每一个二值图像的 1 上,只要二值图像上有 0 和结构元素的 1 重叠,那么与原点重叠的值为 0。该操作同样由集合与结构元素完成。

腐蚀运算要求结构元素必须完全包括在被腐蚀图像内部,即结构元素在目标图像上平移时,结构元素中的任何元素不能超过目标图像范围。腐蚀运算的结果不仅与结构元素的形状选取有关,而且与原点位置的选取有关。腐蚀运算具有缩小图像和消除图像中比结构元素小的成分的作用,因此在实际应用中,可以利用腐蚀运算去除物体之间的粘连,消除图像中的小颗粒噪声。

④开操作

假设 A 表示原始图像,B 表示要进行形态学操作的模板。那么先用 B 对 A 进行腐蚀,然后用 B 对结果进行膨胀,则表示用 B 对 A 进行开操作。开操作能够使图像的轮廓变得光滑,断开较窄的狭颈和消除细的突出物。用 B 对 A 进行开操作示意图如图 6.6 所示。

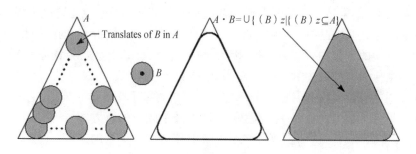

图 6.6 用 B 对 A 进行开操作示意图

⑤闭操作

与开操作相反,假设 A 表示原始图像,B 表示要进行形态学操作的模板。那么先用 B 对 A 进行膨胀,然后用 B 对结果进行腐蚀,则表示用 B 对 A 进行闭操作。闭操作能够使图像的轮廓变得光滑,但与开操作相反,它能弥合狭窄的间断和细长的沟壑,消除小的孔洞,并填补轮廓线中的裂痕。用 B 对 A 进行闭操作示意图如图 6.7 所示。

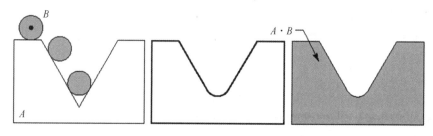

图 6.7 用 B 对 A 进行闭操作示意图

(3)特征表示

①SIFT 特征

SIFT 特征即尺度不变特征变换(Scale-invariant Feature Transform,SIFT),是用于图像处理领域的一种描述。该方法于 1999 年由英国首先发表于计算机视觉国际大会。SIFT 特征对旋转、尺度缩放、亮度变化等保持不变性,是一种非常稳定的局部特征。

SIFT 算法主要步骤包括:

·检测尺度空间的极值,搜索所有尺度空间上的图像,通过高斯微分函数来识别潜在的尺度和旋转等变换具有不变性的点。

·特征点定位在每个候选的位置上,通过一个拟合精细模型来确定位置尺度,关键点的选取依据是它们的稳定程度。

·基于图像局部的梯度方向,特征方向赋值给每个关键点位置一个或多个方向,后续的所有操作都是对关键点的方向、尺度和位置进行变换,从而提供这些特征的不变性。

·在每个特征点周围的邻域内,在选定的尺度上测量图像的局部梯度。这些梯度被变换成一种表示,允许比较大的局部形状的变形和光照变换。

SIFT 算法的特点包括:

·稳定性,对旋转、尺度缩放、亮度变化保持不变,对视角变化、仿射变换、噪声也保持一定程度的稳定性;

·独特性好,信息量丰富,适用于海量特征库进行快速、准确匹配;

·多量性,即使是很少几个物体也可以产生大量的 SIFT 特征;

·高速性,经优化的 SIFT 匹配算法甚至可以达到实时性;

·扩展性,可以很方便地与其他的特征向量进行联合。

②HOG 特征

HOG 特征即方向梯度直方图(Histogram of Oriented Gradient,HOG),是计算机视觉领域中用于目标检测的一种特征描述子。其通过计算图像部分区域的梯度信息,统计梯度信息的直方图来构建特征向量。

HOG 特征用于目标检测,为了找到局部目标,寻找其轮廓是可行且必要的方法。一般来说,物体的边缘部分才有比较明显的梯度(背景或物体内部色彩变化不明显,因此梯度也不明显),所以物体的表象与形状可以较好地被梯度描述。

特征描述子是一种图像特征的表示。在 HOG 里面,它可以将原来尺寸大小为 $w \times h$ 的图像转化成为一个长度为 n 的向量,以此来保留原始图像中重要的信息(梯度),并且过滤掉一些不相关的信息(如背景)。之后将一幅图像划分成若干个连通的小区域(一般为正方形),这些小区域称为细胞单元(Cell)。一个细胞单元包含若干个像素点,如 8×8。计算这个细胞单元中每个像素点所对应的梯度,并构建方向梯度直方图。将每一个由细胞单元得到的直方图结合起来,即可得到特征描述器。为了消除光照和阴影对于图像的影响,需要在更大的区域内,对这些细胞单元对应的直方图进行对比度归一化。

6.4.4 深度学习与神经网络模型

随着深度学习技术的发展,特别是功能强大的特征表示和分类器的发展,许多最新的方法将对象检测视为分类问题,并取得了显著的进步。通过学习分类器来执行对象检测,分类器从有监督或半监督或弱监督的一组训练数据中便可捕获对象外观和视图的变化。分类器的输入是具有其相应特征表示的一组区域(滑动窗口或对象建议),而输出是其相应的预测标签。

因此,我们可以将光学遥感图像检测模型视为分类模型,分类模型的基本框架是神经网络框架,分类方法是深度学习。我们事先准备好含有待检测目标的图像作为输入,通过大量的数据对分类模型进行训练,最终可以判断输入的图像是否为船舶目标。

(1)LeNet

LeNet 主要用来进行手写字符的识别与分类,已在美国的银行中投入使用。LeNet 的实现确立了 CNN 的结构,现在神经网络中的许多内容在 LeNet 的网络结构中都能看到,例如卷积层、Pooling 层、ReLU 层。虽然 LeNet 早在 20 世纪 90 年代就已经被提出了,但由于当时缺乏大规模的训练数据,计算机硬件的性能也较低,因此 LeNet 神经网络在处理复杂问题时效果并不理想。

许多经典的 CNN 技术(例如池化层、完全连接的层、填充和激活层)用于提取特征并进行分类。借助均方误差损失功能和 20 个训练周期,该网络在 MNIST 测试集上可以达到 99.05%的精度。即使经过这么多年,仍然有许多最先进的分类网络总体上遵循这种模式。

(2)AlexNet

尽管 LeNet 取得了不错的成绩并显示了 CNN 的潜力,但由于其计算能力和数据量有限,该

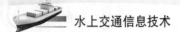

领域的发展停滞了十年。看起来 CNN 只能解决一些简单的任务，例如数字识别，对于更复杂的特征（如人脸和物体），带有 SVM 分类器的 HarrCascade 或 SIFT 特征提取器是更可取的方法。

在 2012 年 ImageNet 大规模视觉识别挑战赛中，Alex Krizhevsky 提出了基于 CNN 的解决方案，该方案将 ImageNet 测试集的 top-5 准确性从传统的 73.8% 大幅提高到 84.7%。这一突破性进展得益于 AlexNet 网络的设计，它继承了 LeNet 的多层 CNN 思想，但网络结构更加复杂，输入图像尺寸增大到 224×224，且卷积层具有更多的通道和参数，从而显著提升了网络捕获和表示复杂特征的能力。此外，AlexNet 还引入了 ReLU 激活函数、数据增广、随机失活等具有深远影响的网络构建模式与方法，并通过多 GPU 学习的方式，使得训练超大型神经网络模型成为现实。这些创新共同推动了深度学习在图像分类领域的迅速发展。

除了为网络增加更多参数外，AlexNet 还通过引入 Dropout 层有效缓解了大型网络面临的过拟合问题。其采用的局部响应归一化方法虽然此后并未获得广泛普及，但却为其他重要的归一化技术（例如 BatchNorm）提供了灵感，这些技术旨在解决梯度饱和问题。AlexNet 奠定了未来十年实际分类网络的基本框架：卷积层、ReLU 非线性激活函数、MaxPooling 层以及全连接（Dense）层的组合。

（3）ResNet

ResNet 于 2015 年被提出，并在 ImageNet 比赛分类任务中荣获第一名，其"简单与实用"并存的特点备受瞩目。此后，众多方法纷纷基于 ResNet50 或 ResNet101 进行拓展，广泛应用于检测、分割、识别等多个领域。

网络深度要变得更深，最大的障碍是梯度消失问题，即当通过更深的层向后传播时，导数会越来越小，最终达到现代计算机体系结构难以表示的意义的数值。GoogLeNet 尝试通过使用辅助监管和非对称启动模块来缓解该问题，但效果有限。ResNet 则通过引入残差模块成功解决了这一问题。

参考文献

[1] 洪德本. 航海仪器[M]. 大连:大连海事大学出版社, 2009.

[2] 崔凤波. 船舶通信与导航[M]. 哈尔滨:哈尔滨工程大学出版社, 2007.

[3] 任兴元, 韩泽欣. 海洋信息安全体系的分析与设计[J]. 海洋信息, 2018, 33(02):45-51.

[4] 梅莉蓉. 海洋信息系统安全体系研究[J]. 通信技术, 2017, 50(08):1822-1825.

[5] 曹磊, 李占斌, 李晋, 等. 海洋信息安全主动防御模型的设计构建[J]. 海洋信息, 2019, 34(04):23-26+45.

[6] 金伟. ECDIS(电子海图显示与信息系统)的发展与应用[J]. 信息通信, 2019(03):65-66.

[7] 朱飞祥, 张英俊, 高宗江. 基于数据挖掘的船舶行为研究[J]. 中国航海, 2012, 35(02):50-54.

[8] 周戈. 数据挖掘技术在船舶到达规律分析中的应用研究[J]. 舰船科学技术, 2016, 38(16):88-90.

[9] 刘传润, 鲍君忠. AIS与VTS的雷达/ARPA信息融合的研究与实现[J]. 航海技术, 2007(02):37-39.

[10] 温晶. 海上交通管理系统VTS的雷达信号处理技术[J]. 舰船科学技术, 2021, 43(20):49-51.

[11] 戚群, 于涛. 船舶交通管理系统(VTS)发展概况[J]. 中国无线电, 2013(04):36-38.

[12] 魏洪昌. 船舶交通管理系统(VTS)中自动识别网络系统优化[J]. 舰船科学技术, 2020, 42(18):34-36.

[13] 芦海. VTS系统在海底电缆保护中的应用研究[J]. 机电信息, 2015(06):3-4.

[14] 张行涛. VTS在我国海事管理中的效用和地位[J]. 中国水运, 2010(08):48-49.

[15] 姜凤娇, 赵晓凤, 赵树平. VTS系统在航道交通管理中的应用研究[J]. 交通科技, 2010(02):106-108.

[16] 李维运, 刘畅, 李金浩, 等. AIS虚拟航标的合理设置[J]. 水运工程, 2021(11):165-170.

[17] 关腾飞, 刘志德. 动态船舶领域模型在 AIS 环境下的避碰决策研究的应用[J]. 舰船科学技术, 2017, 39(18): 76-78.

[18] 马瑞宁. AIS 个人搜救示位标的研究及应用[J]. 电子测试, 2015(03): 14-15+3.

[19] 史键. AIS 系统的构成及信息处理[J]. 中国水运, 2010, 10(10): 91-92.

[20] 刘克中, 季永青. 船舶自动识别系统在 VTS 中的应用[J]. 航海技术, 2003(04): 23-25.

[21] 董茂涛. ECDIS 在航行避碰中的应用[J]. 电子测试, 2019(13): 130-131+127.

[22] 从伟, 王桃苹. VDES 在航海保障领域中的应用探索[J]. 航海技术, 2021(06): 44-46.

[23] 任健. e-Navigation 技术发展及其在海事管理中的应用[J]. 科技创新与应用, 2021, 11(25): 167-170.

[24] 马龙, 王加跃, 刘星河, 等. 北极东北航道通航窗口研究[J]. 海洋预报, 2018, 35(01): 52-59.

[25] 马龙, 李振华, 陈冠文, 等. 基于"永盛轮"航线冰情分析的北极东北航线通航性研究[J]. 极地研究, 2018, 30(02): 173-185.

[26] 闫晓飞, 刘泽西, 李颖, 等. 基于激光三维视觉的船舶靠泊动态监测技术[J]. 激光与红外, 2016, 46(12): 1452-1458.

[27] 黄晨峰, 张显库, 李博, 等. 船舶航迹舵系统的设计与实现[J]. 中国航海, 2022, 45(04): 52-57.

[28] 梁才磊, 张显库, 李争. 基于虚拟本船的欠驱动船舶航迹保持策略[J]. 中国舰船研究, 2020, 15(S1): 6-11.

[29] 王立军, 张显库. 舵减摇与航迹保持的鲁棒协同优化控制[J]. 中国航海, 2016, 39(01): 31-35.

[30] 张显库, 尹勇, 金一丞, 等. 航海模拟器中适应式鲁棒航迹保持算法[J]. 中国航海, 2011, 34(04): 57-61.

[31] TERNES A, KNIGHT P, MOORE A, et al. A user-defined virtual reality chart for track control navigation and hydrographic data acquisition[M]. Berlin: Springer Berlin Heidelberg, 2008.

[32] GORALSKI R, GOLD C. Marine gis: progress in 3d visualization for dynamic gis[M]. Berlin: Springer Berlin Heidelberg, 2008.

[33] LIU Z, WANG H, WENG L, YANG Y. Ship rotated bounding box space for ship extraction from high-resolution optical satellite images with complex backgrounds[J]. IEEE Geoscience and Remote Sensing Letters, 2016, 13(08): 1074-1078.

[34] GOERLANDT F, KUJALA P. Traffic simulation based ship collision probability modeling[J]. Reliability Engineering & System Safety, 2011, 96(01): 91-107.

[35] MCCARTHY M J, COLNA K E, EL-MEZAYEN M M, et al. Satellite remote sensing for coastal management: a review of successful applications[J]. Environmental Management, 2017, 60(02): 323-339.

[36] CHEN P, LI Y, ZHOU H, et al. Detection of small ship objects using anchor boxes cluster and feature pyramid network model for sar imagery[J]. Journal of Marine Science and Engineering, 2020, 8(02).

[37] PROIA N, PAGE V. Characterization of a bayesian ship detection method in optical satellite

images[J]. IEEE Geoscience and Remote Sensing Letters, 2010, 7(02):226-230.

[38] KANJIR U, GREIDANUS H, OŠTIR K. Vessel detection and classification from spaceborne optical images: a literature survey[J]. Remote Sensing of Environment, 2018, 207(01):1-26.

[39] QI S, MA J, LIN J, et al. Unsupervised ship detection based on saliency and s-hog descriptor from optical satellite images[J]. IEEE Geoscience and Remote Sensing Letters, 2015,12(7): 1451-1455.

[40] DONG C, LIU J, XU F. Ship detection in optical remote sensing images based on saliency and a rotation-invariant descriptor[J]. Remote Sensing, 2018, 10(3).

[41] GOLD C, CHAU M, DZIESZKO M, et al. 3d geographic visualization: the marine GIS[J]. Springer Berlin Heidelberg, 2005:17-28.

[42] TIAN Z, LIU F, LI Z, et al. The development of key technologies in applications of vessels connected to the internet[J]. Symmetry, 2017, 9(10): 211.

[43] QIN W, WANG X. A survey on netting with internet of vessels[J]. Navigation, 2015, 38: 1-4.

[44] JESUS A, RODRIGO P. The internet of ships: a new design for smart ships[J]. The Naval Architect, 2017(1): 26-30.

[45] LIU G W, PEREZ R, MUNOZ J, et al. Internet of ships: the future ahead[J]. World Journal of Engineering and Technology, 2016, 4(3): 220.

[46] PARK J Y, KIM N. Design of an adaptive backstepping controller for auto-berthing a cruise ship under wind loads[J]. International Journal of Naval Architecture and Ocean Engineering, 2014, 6(2): 347-360.

[47] WANG N, KARIMI H, LI H, et al. Accurate trajectory tracking of disturbed surface vehicles: a finite-time control approach[J]. IEEE/ASME Transactions on Mechatronics, 2019, 24(3): 1064-1074.